勉強する子になる100の習慣

佐藤亮子

文藝春秋

勉強する子
になる
100の習慣

装丁　野中深雪
装画　こやまもえ
写真　石川啓次

まえがき
毎日を楽しんで、子育ての18年間を親子のいい思い出にしましょう

新型コロナウイルスが世界を席巻し、各国は大変なことになり私たちは日常の生活を見直さざるを得なくなりました。いつもは、何気なくできていたことができなくなり、今までの普段のことがたまらなく懐かしくなることもしばしばあります。このような状況の中で、子どもたちをスクスクと育てるためにはどうすればいいのか、と深く悩まれている保護者の方々は非常に多いのです。子育ては、ただでさえ手探りで大変なことなのに、今の状態ではもっと悩むことになってしまいました。

この本では、ご質問を「学力」「コミュニケーション」「環境」「生活」の4つのテーマに分けて、それぞれに回答いたしました。

ほとんどのお母さんは、子どもの「やる気・集中力・モチベーション」が大好き

で、この3つのことを熱望するのです。しかし、子どもの態度は正反対ですのでお母さんは厳しく叱ってしまいますが、それでは結局子どもには受け入れられず親子の気持ちが離れていってしまうということになります。子どもにとってどのような導き方をするのがベストなのでしょうか？

受験は、合否の結果が出ますが、しかし子どもたちの人生は受験より後の方がはるかに長いのです。子どもたちが、それぞれ納得のいく人生を歩んでいくために親は結果をどのように受け止めるべきなのか、非常に重要な問題です。子どもたちの人生初めての大切な局面の時に親はどのような態度で、またどのような言葉をかけるべきなのか、親の内面が問われることになります。子どもの世話は大変で思い通りにならないことが多いものですが、それは親が自ら通った道そのものであり、人間という生き物を客観的に見つめるいい機会となるでしょう。

子どもは、生まれ落ちたところで育つことしかできません。親の元に縁あって生まれた子どもをなんとかして一人前にして社会に送り出さなければならず、親の責任は重大です。最近は、働いているお母さん、シングルのお父さんやお母さんも多くなりました。いずれにしても子どもを育てることには変わりはなく、子育てのコツの一つに「環境を整える」ことがありますが、どのような環境がいいのかは、各家庭で最適なスタイルを見つけなければならないのです。すぐには見つかりませんので「トライアンドエラー」を繰り返してみてください。昨今、高度な情報化社会になり、世界中の情報をネットで即座に得られますが、玉石混交の情報が飛び交っていますから、自分の家庭を独自な居心地のいい温かい環境にすることに必要な情報を活かすことが求められます。日々大きくなっていく子どもの健康も考えなければなりませんから、やっぱり子育てって大変です。毎日の食事にも悩むし、どのくらい運動をさせればいいのか、学校と塾とお稽古事のバランス、24時間の使い方など考えれば考えるほど悩みは深くなり途方に暮れてしまいますね。

そのような時には、「いつでも、どこでも、なんでも、子どもが最優先！」という言葉を唱えてみませんか。迷いが消えていくと思います。

目の前のお子さんとの毎日を楽しんでいただきたい、子育ての18年間を親子のいい思い出にしていただきたいという思いで、この本を作りました。同じ大変なことでも、ほんの少し視点を変えるだけで気楽に乗り切ることができるし、楽しむことができると感じていただけたら幸いです。

100の習慣
1 > 29

目次

第一章　子どもの学力に関する悩みに答える

100の習慣
30 > 62

第二章 子どものコミュニケーションに関する悩みに答える

第三章 周囲との環境の違いについての悩みに答える

100の習慣
92 ＞ 100

第四章　子どもの生活の悩みに答える

100の習慣
1 > 29

第一章

子どもの学力
に関する悩みに答える

1

Q

子どもが全然勉強してくれません。どうすればいいでしょうか。つい「勉強しなさい」と言ってしまいます。

A

今日1日何をしなければならないのか、それを数字で具体的に示す。

「勉強しなさい」と言われてすぐに勉強する子どもはいません。声をかけるだけで、勉強を始めるのならこんなラクな子育てはありません。なんといっても、子どもにとって勉強に取り掛かる時が一番苦痛なのです。取り掛かるときのハードルは心理的に非常に高いのですよ。

大人でも何かを始める時には「重い腰をあげる」といいますから、子どもも同じです。だから「いやだな〜」と思いながらだらだらとしてしまいます。そこで、追い討ちをかけるようにお母さんが「一体いつ始めるの！　いい加減に始めなさい！」と高い声で叫び始めると、家の中は一気にイヤ〜な空気感が漂います。それでは、子どもはより一層勉強を始めるのがいやになるか、お母さんのうるさい声を聞くのがいやなため、シブシブ机について鉛筆を持つということになります。その姿を見てお母さんは安心してしまいますが、実は子どもは机の前に座ってやっているポーズをとっているだけなのです。

なぜでしょうか？　それは、何をやったらいいのか決めていないのですぐに始められないのです。では、どうすればいいのか？　子どもたちにはそれぞれやるべきことがありますから、**各学年でするべきことを親が把握して、今日1日は何をしなければならないのか、それを数字で具体的に示すことです。**「今日は、8時から8時半まで漢字10個を覚える。8時半から9時まで算数を3問解く」というようなゴールをはっきりと決めてあげるといいですね。

誰しも目の前にゴールが見えないと始めることも頑張ることもできません。

2

Q 勉強の前に子どもにどのような言葉をかければいいのかわかりません。

A テレビ番組、新聞などをネタに自分の感想などを子どもに面白おかしく話す。

普段、お母さんが子どもにかける言葉といえば、「早く起きなさい」「勉強しなさい」「早くご飯を食べなさいね」「お風呂に入ったらどうなの」などですね。これは、会話とは言えません。お母さんが一方的にして欲しいことを伝えているだけですから、いわば「命令」であり、これでは子どもと親が心を交わしたことにはなりませんね。実は子どもとの日常生活は、このような会話で成り立っていることが多いのです。でも、残念ながらこのような言葉をかけるだけでは、親子の真の信頼関係を築くことはできないのは、大人同士に置き換えて考えるとよく理解できるでしょう。ある人間が自分の都合のみから発した言葉は、相手をその時には従わせることはできますが、深い人間関係に発展することにはなりません。

お母さんには、テレビ番組、新聞、雑誌、その他近所の話などをネタに自分の感想などを子どもに面白おかしく話すことをお勧めします。その時に、決して悪口やグチを言わないこと、楽しい内容にすることに注意して最後に自分の考えを付け加えるといいですね。子どもは、「お母さんってこんな考え方をするんだ」と気がつきます。**親子でも、言葉を使って話さないと思いは伝わらないもので「以心伝心」ということは基本的にはありません。**お母さんが話した話題について子どもが言う感想は否定せずに、必ず面白がることが会話を楽しく続けるコツです。いつも、お母さんと何か話したいなあと子どもが思ってくれるといい親子関係が築けます。それには、子どもがどんどん話したくなるような聞き上手の母親になることです。そうすると、信頼関係もでき、受験の時にいい相談相手になれることにつながります。

3

Q 勉強時間はあらかじめ時間帯や科目を決めておいた方がいいのでしょうか？

A まずは一週間分の勉強時間とすることを決めてください。

子どもが、家で勉強する期間は0歳から18歳といえます。その間に、受験も何度かありますから、普段の学習をきちんとしながら準備をしなければ間に合いませんので、目の前の時間は非常に大切なものとなります。

18年間は長そうで短く、なんといってもその間は成長をし続けていますから日々の生活の積み重ねに最善を尽くすことが重要となりますね。やはり、そうなると、1日の持ち時間である24時間をいかに使うかを決めておく必要があります。なんといってもお母さんも子どもも毎日が忙しいので、スケジュールがないとあっという間に夜がきます。

「あ〜今日も何もしなかった」ということになりかねません。勉強時間と内容を、まず一週間分決めてみてください。**月曜日から金曜日は学校から帰ってきて寝るまでに何をいつするか、どの科目を何問、何ページするか決めておく。土曜日と日曜日は、起きる、寝る、3食、お風呂も決めておくと時間を有意義に使えます。**一週間分を決める時には、子どもと相談するのがコツ。

「この時間は、算数でいい？」「国語にする？」というように**話し合って決めると、子どもも自分のことなので楽しい。**親だけで決めると、親の期待満載のスケジュールになりますから、「時間が少し長めで、やることは少し多め」ということになりがちで、当然子どもは押し付けられたような気持ちがしますから積極的に実行したいとはなりません。なんでも、子どもを参加させることが大事ですが、**子どもに全てを任せても経験がないのでいいスケジュールを作ることはできません。**

初めに親子で作った計画を一週間やってみて、うまくいっていない部分を微調整し次の週にやってみる、ということの繰り返しで最良のスケジュールが仕上がります。

4

Q 英才教育を受けさせた方がいいのでしょうか?

A ほとんどの子どもは、普通に学力をつけて社会の中で生きていくことを目標にするべき。

「英才教育」というのはそもそも、優れた才能を持つ子どもの能力を伸ばすために行う教育を意味していましたが、今は広く早期教育をも英才教育として考えることがあるようです。もともとの意味での英才教育では、何かに飛び抜けて秀でている子どもをその能力に特化し、徹底的に鍛えて世界に認められる人間にするということで、芸術やスポーツの分野が多いですね。しかし、そのような能力を持った子どもは非常に少ないので、まずそのようなことは考えない方が現実的です。ほとんどの子どもは、**普通に学力をつけて社会の中で生きていくことを目標にするべきでしょう。**ということは、お稽古事に使う時間を考える必要があるということです。

中学受験をすることに決めているのに、「小さな頃からやっている少年野球、サッカークラブ、ピアノ、バレエなどを小5になっても子どもがやめたくないといっているのですがどうしたらいいですか?」といっている親御さんがいますが、そんなことをいっている場合ではないということはお分かりでしょう。しかし、**早期教育に関して、「読み書き計算」をなるべく早く始めるということは必要です。**人間は言語でものを考えますから、当然、なるべく早く正確で豊かな日本語を身につけることは子どもを着実に成長させることになります。「早期教育」の落とし穴は、親の思いで突っ走って子どもに過分の負担を背負わせることです。それでは、子どもの健全な成長を妨げますから、一番親が注意しなければならないことです。早期教育は、子どものためにする、子どもの笑顔を優先する、親の気持ちを子どもに押し付けない、という覚悟がなければ失敗します。そのようなメリットとデメリットを理解した上で、学校を楽しくできる程度には鍛えておくことはいいことだと思います。

5

Q 中学受験はさせた方がいいのでしょうか？

A メリットとデメリットを、詳細に考えましょう。

中学受験は、主に大きな都市で行われています。特に、東京、大阪でかなり過熱してきていて、そのニュースが耳に入りますから気になりますよね。でも、大都市以外の地域では公立高校受験が主ですから、日本全体で考えると中学受験をする子どもの割合は非常に少ないのです。まず、ご自分の地域の状況をよく考えることです。

中学受験をすることについてのメリットとデメリットを、詳細に考えてみましょう。

まず、メリット。

(1) 高校受験をしなくていい

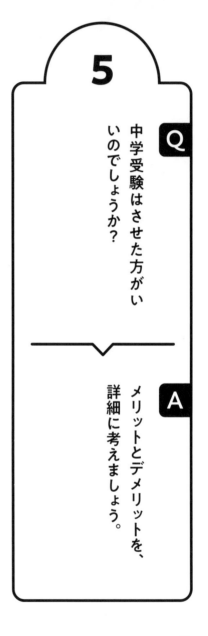

(2) 何事も6年間単位で考えられる
(3) 科目の内容を早めに進められる
(4) クラブがゆっくりできるなど

次に、デメリット。

(1) 受験のために、小学校の時から塾通いの必要あり
(2) 小学校の友達と遊ぶ時間が少ない
(3) 受験は、不合格のこともある
(4) 小6の時には、塾がかなり大変
(5) 小学校との両立が大変など

まとめると、**中学の3年間を高校受験のために使わなくてもいいことが一番大きなメリットです。** 高校受験があると、全ての科目を中学校レベルで止めて受験用に仕上げないといけないのです。そうなると、大学受験までの6年間を3年で区切らざるを得ないので時間がもったいないという感じです。高校に入学したあと3年間で大学受験レベルまで仕上げるのはなかなか大変で、中高一貫校に比べると時間不足は否定できないということになります。中学受験をすると、6年間をゆっくりと大学受験の準備に使えます。

デメリットとしては、12歳のまだ幼い子どもが熾烈な受験生活を送ることです。受験は合否が決まるのでかなりの覚悟を持って臨まなければなりません。そうなると、親のサポートが欠かせず家族全員が応援する体制を取らなければならないので、仕事を持つ母親が時間を子どものために使えないとなるとそれ相応の工夫が必要でしょう。中学受験をすると決めたら「必勝」を目指して走り切る覚悟をすることになりますね。ただし、救いは中学受験を失敗しても義務教育なので間違いなく中学生にはなれるということです。このことが、高校受験と大学受験との大きな違いです。全校不合格でも、公立中学にいけば同じ内容を学べますから深刻に考えすぎないことです。

しかし、受けるか受けないか、遅くとも小3までに決めないと間に合いません。

6

Q 学校の教材だけを使って勉強していて大丈夫でしょうか?

A 市販の問題集を購入し、授業の進度に合わせて復習を徹底するために使うというのも効果的。

学校の内容だけで勉強を進めるということは、教科書、ドリル、テスト、授業で学ぶことになりますが、そもそも学校で習ったからといって、全部身につくとはいえないわけだから、やはり学校以外の教材を使う必要はあるということです。何かを身につけるということは、並大抵のことではできません。**一つのことにおいて、あらゆる方向からアプローチして、切り口を変えないと深く理解することはできないのです。**塾のテキストは、教科書よりもっとトレーニングできるように作られていますし、頻繁にテストで確認しますからより身につく確率が高くなります。塾に行かない場合は、市販の問題集を購入し、授業の進度に合わせて復習を徹底するために使うというのも効果的です。

特に小学校での計算力は、中学校、高校の基礎にもなるものですから、ゆるぎない堅固な実力に仕上げなければなりません。残念ながら、計算力については、学校の教材だけでは足りないでしょうね。これでもか、これでもかというほどの量をこなさなければなりませんから、字が大きく楽しくやれるような構成の問題集をさがしに**子どもと一緒に書店に行って、お気に入りを見つけてやってみませんか。**

7

Q コロナで想像していた教育ができていません。どうすればいいのでしょうか。

A コロナがなくても、理想通りの教育などなかなかできません。

コロナでできなかったということは、もう忘れましょう。今日からは、前だけを向いて生きていくことです。過ぎ去った時間は取り戻せません。そもそも想像していた教育とは何ですか？　具体的に言えますか？　コロナがなくても、理想通りの教育などはなかなかできませんから、できなかったことを環境のせいにしない方が前向きになれますね。何かと言い訳する人は、たとえ全てが揃った状況でも大したことはできないものです。

まず、環境に文句を言わない、周りの状況を言い訳にしないことを肝に命じてくださ

い。コロナに限らず、長く生きていると様々なことに出逢います。そのときに、いかにその状況を切り抜けるかを考えなければ生きていけません。どんな環境でも、するべきことは何がなんでもするぞ！　という気概が大切です。そうは言っても確かにコロナで休校になったりしましたから大変でしたね。自分の学年の内容で手薄になった項目を自分でやり直すしかないです。

特に、算数、数学、英語は積み重ねですから、何か抜けている項目があると必ず先で破綻しますので、わからないところからやり直しをして補強しておかなければなりません。他の科目も見直したいところですが、まあ、それは後で大丈夫ですので、「計算、漢字、英語（中学生以上）」に集中してやり直してください。

8

Q 子どもにどんな本を読ませればいいかわかりません。

A 未就学時には絵本を。小学校からは教科書に出てくる参考図書を。

未就学の時には、親が絵本を読んであげましょう。自分で読めるようになったら読ませるといいです。絵本は、ロングセラーやベストセラーのものを初めに読んでいくと親の方も目が肥えてきていい絵本を選ぶことができます。いい絵本というのは、基本的には親がいいと思ったもので大丈夫ですが、**言葉の使い方が正しく、色使いが大人でも納得いくようなレベルのもの**がいいと思います。

小学校からは、教科書に出てくる本文の後に参考図書が載っていますから、まずその本を読ませるのがいいと思います。また、教科書に載っている作品の著者や同じテーマの本を子どもに渡して読んであげたり、読ませたりすると学校の授業はより楽しくなります。くもんなどが推薦図書を学年別に選んでくれていますから、そのようなリストを利用すると子どもに適切な本を選ぶことができます。その中の本を読んだら、お気に入りの本ができますからそのシリーズを図書館で借りて読むのは楽しいです。**子どもがお気に入りの本や作者を見つけることは大切なのです。**親が「読みなさい」といって本を差しだすようなことをすると反発しますね。誰でも、押し付けられるのは気分が悪いし読書が嫌いになってしまいます。

子どもを本好きにしたいのであれば、なんといっても親が本を楽しそうに読む姿勢を見せることでしょう。

9

Q どうすれば自分で考え、積極的に学んでいける子に育つのでしょうか？

A 親が子どもに自分の経験や知見をわかるように説明してあげてください。

このようなご質問は、本当に多いですね。「自分で考え、何も言わなくても勉強する子」がいたらいいなと思っている親が多いということですが、要するに親がラクということですよね。**子育てで「ラクをすること」を優先すると親も子もなかなかうまくはいかないです。**子どもは、家と学校の間をウロウロしながら狭い世界を生きていますから、たとえ自分で考えてもその内容はしれています。

なんといっても**大人である親が、自分の経験や知見を話して子どもに必要なことを、子どもがわかる言葉で説明することです。**説教をするのではなく、なんとなく今何をしたらいいのか、何をすべきなのかを気楽な調子で話すといいと思います。子どもは目の前にあるものをどのようにするのかを教えるとやりますし、やりたくない様子を見せたら難しすぎるのでやるものを変えてあげてください。

積極的にやってもらうベストなコツは「点数を取らせる」ことなのです。子どもは、点数が取れるとなると俄然やる気を出して、自ら勉強しようと思うものなのです。でも、**大きなテストでは突然いい点数は取れないので、小さなテストをまず頑張ることです。**漢字テストや計算テストなどのように範囲が狭く少し頑張ればいい点数が取れる小さなテストを、ぜひ子どもと一緒に準備してみてください。必ず、いつもより点数は上がります。

10

Q 特に算数が苦手なようです。どうすればいいのでしょうか？

A 算数の基礎である「一桁の足し算」を大切にしましょう。

算数が苦手な子どもは、多くの場合計算が遅いという特徴があります。**実は、算数の基礎は、「一桁の足し算」なのです。**算数が苦手なお子さんのお母さんに聞くと「さすがに、一桁の足し算はできますよ」と答えます。でも、よく聞いてみると、一応答えは出せるけど遅かったり、時々間違ったり、指を使ったりという状態のことが多いですね。「一桁の足し算」は、式を見ただけで反射的に答えがでるようになるレベルが必要なのです。なぜならば、学年が上がると計算は、引き算、掛け算、小数、分数、四則混合計算などが出てきますが、全て「一桁の足し算」を使うからです。

例えば、引き算は、一桁の足し算とは関係なさそうですが足し算の反対なので、足し算さえしっかり理解すれば大して苦労せずにやることができます。**算数は、とにかく積み重ねですので、計算の穴を作らないように頑張ってください。**図形、文章問題などはその後で十分理解できるようになります。とにかく、鉛筆を持って手を動かすというトレーニングを徹底的にすることから始めましょう。足し算をするときに、よく指を使う子どもがいますが、はじめに使いたがったら堂々と指を折りながら計算してもいいと話しておいてください。指を使うことを叱ったり責めたりすると、机の下でこっそり使うことになり計算が得意になるのが遅くなります。指は堂々と机の上で使い、指が痛くなるほど使うと計算は上手になり、最後は指を使わなくてもよくなります。

算数以外の科目で苦手克服法を少し。国語は、漢字、ことわざ、熟語などの知識分野の習得が第一。しかし、漢字も単体で何度書いても使えるようになりませんので、文章の中で覚えるのが得策です。たくさんの文章を読んであげたり、親が読んだことの内容を話してあげるといいですね。理科と社会は、できるだけリアルなものと結びつける体験をすることです。例えば、ひまわり、朝顔、へちまなどはテストに出ますから、夏になったら本物を見られるように春に植えましょう。テキストや図鑑だけで見るよりはるかに感動します。**机の上で勉強していることは、すべて現実のものと結びついていることを実感させると勉強は楽しくなります。**まとめると、国語は文章を読んだり聞いたりしてその内容に感動すること、理科と社会はできるだけ本物に触れることが、基本でしょうか。

11

Q 英語やプログラミングなどは早くに教えたほうがいいのでしょうか？

A 基本的には、両方とも小学校の間は必要ないでしょう。

私は、両方とも小学校の間は必要ないと思っています。しかし、英語に関して今の小学校では英語の授業も始まって教科書もありますから、全くしないわけにはいかなくなってきました。そもそも外国語である英語を、母国語の習得も不十分な小学生に教えるというのには無理があります。外国語というのは、しっかりした日本語の上に成り立たせたほうが学びやすいので、日本語をしっかりと学ぶことを先決にするほうがいいと思います。

とはいっても、**小学校に英語のカリキュラムがある限り、全く英語を知らないで入学**

した場合英語の授業のときにドキドキしなければなりません。子どもには、楽しく学校生活を送ってもらいたいので、多少の準備はしておいたほうがいいでしょうね。でも、「読み書き計算」が最重要なので、英語はお楽しみ程度に会話教室などに早めに通っておくのでいいと思います。英語は、中学校に入学すると本格的に授業がありますし、それから始めても高校入試までに3年間、さらに大学入試までに3年間ありますので十分間に合います。

　プログラミングですが、これも基本的には小学生には必要ないと思います。しかし、英語と同様、学校で行われるならば、多少の用意は必要ですね。学校で子どもが右往左往するのはかわいそうですから。親が教えられなければ、半年ほどでも子供向けの教室にいくといいと思います。でも、プログラミングに関しては、「何をどのように何のために」プログラムを作るのかが大切ですから、**まず子どもの基礎学力を基本にした表現力、創造力の充実に努力をするべきだと思います。**

12

Q 進学先の学校はどうやって決めたらいいでしょうか？

A まず偏差値。行きたい学校に行くのではなく、行ける学校に行くことです。

なんといっても、偏差値を考えることから始めることです。小6の4月ごろにそれまでの自分の偏差値を元になんとなく志望校を考えることから始めましょう。夏休みを必死に頑張ったあとの8月の偏差値で、現実的な第一志望校をしぼることです。長い間憧れていた学校の偏差値と10も20も離れていたら合格の可能性はかなり低くなります。秋には、そろそろ夢から目を覚まさないと合格はできません。

自分の偏差値と5離れている学校は、まだまだかなり可能性はありますね。**もう一つ決める条件としては、通学時間です。**我が家は息子たちが、奈良の自宅から灘校まで電車に乗っている時間が1時間40分でその前後の移動時間を入れると片道2時間かかっていました。娘は電車に乗っているのが55分、前後の移動時間を入れて1時間30分でした。その経験から考えると、中学生や高校生にとって男子には片道2時間、女子には1時間半が限界ではないかと思います。中高生は、荷物が多く重いので体格のいい男子でも疲れるし、女子はそこまで体力がありませんのでより疲れるから、通学時間は短ければ短いほどいいということです。**自宅から通学に使う電車やバスなどの交通機関と偏差値を考え合わせて志望校を決めるには親の助けが必要です。**入学試験というものは、「行きたい学校に行くのではなく、行ける学校に行く」ということを基本的な考えにし、合格を最優先に考えてください。

13

Q

たくさん勉強しているのになかなか成績が上がりません。子どもにはなんて声をかけたらいいのでしょうか？

A

「成績が上がらないと、勉強したことにはならないよ」と声をかけましょう。

「成績が上がらないと、勉強したことにはならないよ」と声をかけてください。「頑張っているのに成績が上がらないね。でも、頑張っているのだからいいんじゃないの」とは間違えても言わないことですね。お母さんが「たくさん勉強している」と思うのは、勉強しているように見える時間が長いということでしょうか？　それとも、何かノートにたくさん書いているということでしょうか？　勉強というのは、長い時間椅子に座っていればいいというものでも、ページ数をたくさんすればいいというものでもありません。大人の仕事と同じように、成果を出してこそやった価値があり、褒められるべきことなのです。**時間や手間をただ、かければいいというのは間違いです。**

実際問題として、時間も手間も費用もかけずに、最大限の成果をあげるというのが理想なのですから。まず、その基本を理解してください。成績が上がらないのは、やり方が中途半端なため、理解が浅く応用できる実力までにはなっていないということです。**子どもは面倒になるとすぐに分かったふりをして自分を誤魔化してしまいますから要注意です。**内容が正確に把握できたら、必ず点数に結びつきますので、点数が取れなかったら「なぜ、間違えたのか」を立ち止まって親子でじっくり考えてみてください。そのやり方を身につけると、必ず点数は取れるようになります。点数は、正直なのです。少しずつ点数を上げていくことにしばらく専念してください。

14

Q 息子は勉強の時間管理が得意ではありません。どうやって教えたらいいでしょうか？

A はじめに、親が子どもと一緒にスケジュールを立ててみましょう。

時間管理というものは結構高度な思考が必要なので、子どもにとっては非常に難しいのです。だから、やり方を教えても子どもは上手にできません。はじめに、親が子どもと一緒にスケジュールを立ててみましょう。

(1) 一週間の予定を子どもと一緒に考える（親だけで考えても、無理な予定を立てることが多いから、子どもに聞きながらするのがコツ）。
(2) 立てたスケジュールを、一週間その通りにやってみる。
(3) やってみて無理なところや気に入らない部分を見つけてチェックする。

(4) 予定にわかったことを加味しながら、調整する。
(5) できた予定を一週間必死でやってみる（今までと違う生活になるので、少しはつらいこともあるがそこは我慢。新しいことを、自分の生活に取り入れてより良くしたいのなら多少の苦痛を伴うのは当たり前と覚悟する。昨日と同じことを繰り返すだけでは、人生は何も変わらない）。
(6) 例えば、1学期と2学期では生活は違う。当然、夏休みなどの長期休暇の予定も違うので、1回作ったスケジュールが1年間使えるとは思わないこと。子どもの人生は着々と前に進んでいるので、この進み方にスケジュールを合わせないといけない。スケジュール管理は、子どもをよくみて、細心の注意を払いながら行わなければならない。そういうことを考え合わせると、親が子どもに対して持つ過剰な期待で作ったスケジュールなどは役に立たないばかりではなく、子どもを追い詰めてしまうことを自覚すること。

というようなことに留意して作ってあげてください。**楽しんで作り、子どもの意見を取り入れ寄り添いながら、子どもに合わせて微調整し一緒に生きていってくれる親を子どもはみています。**小6まで作ってあげたら、中学生からは自分で親の真似をして作れます。その時には、けなさず褒めて、足りないことを補ってあげてください。**「やってみせ、いって聞かせて、させてみせ、ほめてやらねば、人は動かじ」という言葉があります。**まさにこれは物事の本質をついております。あまりにも有名なのでご存知の方も多いと思いますが、この言葉の持っている真理は親子の関係を考えさせるし、子育てにも十分使える言葉ですよね。

15

Q 苦手な科目を勉強する時、どうやったらやる気を持ってもらえるでしょうか？

A まず、苦手な科目の中でもまぁまぁ耐えられる項目から攻めることです。

苦手な科目をするのはやはり面倒くささが先に立ちますね。子どもには、もともと持って生まれた好き嫌いがあります。食べ物の好き嫌いを考えてみると、人間って嫌いなものは、理由があって嫌いな場合となんの理由もなく大嫌いという場合があり、これは子育てをする際に無視できない事由だと思います。食べ物の好き嫌いと科目の好き嫌いは、意外とよく似ていて、どのように考えて扱うのかはほぼ同じといっていいと思います。食べ物の好き嫌いも、「食わず嫌い」ということもあり人間の精神的な部分を考慮に入れずに、「とにかく頑張って食べろ」「栄養になるんだから」という正論ではうまくいかないですね。

勉強に関していえば、**嫌いな食べ物をいかに食べさせるかということをヒントにすると方針を決めやすいのです。**ピーマンが嫌いな子どもに「頑張って根性で食べなさい！」といってピーマンの丸焼きを出しても、ピーマンを喜んで食べるようにはなりません。ピーマンを小さくみじん切りにして、ハンバーグに入れたりすると割と喜んで食べますよね。同じように、算数が嫌いなら、原因を見つけとりあえず易しい計算から練習する。**初めからたくさんはしない。根性で解決しようとはしない。そばで付き合ってあげる。**まず、苦手な科目の中でもまあまあやるのが耐えられる項目から攻めることです。何事も初めは欲張らずに、量は少なめに、かなり易しいレベルから始める。子どもの顔がニコニコしているか、ということを大事にすると苦手科目を上手に学ぶことができます。忘れてはならないのは、小学校で学ぶことは、苦手であろうと嫌いであろうと、必ずマスターしなければならないということです。手を替え品を替え、なんとかして習得させるという親の覚悟がなんといっても必要です。

16

Q 「予習」と「復習」、どちらを重視して子どもにやらせるべきでしょうか？

A 小学校は予習するより復習の方が効果的。塾はそれぞれの方針に従うこと。

＊小学校の授業

予習するより復習の方が効果的だと思います。予習をするなら、くもんのような幼児教育で、計算のみ予習として上の学年のことをするといいと思います。市販の問題集でするのもいいのですが、幼児教室などに所属する方がやりやすいです。自宅で市販のものを親主導でするのなら、小1から小6までの問題集を同じ出版社のもので揃えるのがいいと思います。学年が上がるたびに、違う出版社のものをバラバラに使うと、構成や字のフォント、イラストの様子などが違うので、子どもの頭の中が散らかります。**子ど**

もは、なんでも生まれて初めてするものばかりですから、構成はよりシンプルなものを使うのがいいです。

＊塾の授業

塾によって、「復習型」「予習型」がありますので、**入塾した塾の方針に従うことになりますね。**予習するのは、習っていないものを前もって自分で学んでいくということですから、非常に手間で苦痛を伴う場合がありますから、私としては「復習型」の方をお勧めしますが、塾選びには通塾時間などの他の要素もありますから、総合的に考えたらいいと思います。

＊中学校・高校の授業

学校の英語は予習がおすすめです。できたらまとめて1学期分を休みを利用してすませておくと、中間・期末テストがラクになります。**予習は完璧にするのではなく、「わからないところを探しておく」というくらいで十分です。**他の科目はそれぞれで復習と予習を使い分けたらいいです。塾や予備校のことは、各方針に従うことですね。

17

Q 科目ごと（国語、算数、理科、社会）に、教え方の違いはあるのでしょうか？

A すべての科目において、「楽しさ」を優先することが大事。

＊国語

まず、漢字、ことわざなどの知識分野は完璧に覚えることです。漢字は新しく出てくるたびに書き順も忘れずに教えてあげてください。一度間違えて書くとなかなか直りませんから。ことわざは成り立ちから話してあげると、子どもは興味を持って覚えやすくなります。読解力をつけるために、低学年は親が教科書を音読してあげて、途中で難しい言葉や言い回しは説明してあげるといいですね。そのあとすぐに質問を解かせると子どもの理解はより深くなります。読解力は、何よりも本文を面白がること、感動することが大事です。人間は感動すると忘れないもので、難しい文章にも役に立つ感情の動きを学ぶことになるのです。子どもが「もう自分で読むからいいよ」というまで、読んであげてください。このままずっと、音読してあげると学年が上がっても自分では読まないのではないかという心配は必要ありません。子どもはいつまでも子どもではありませんから、大丈夫なのですよ。必ず、自分で読むようになります。

＊算数

なんといっても、「計算」です。どの計算もやり方を考えなくても自然に手が動き答えを出せるようにすることです。計算というものは、じっくり考えるものではありません。単なる作業としてとらえるとわかりやすいと思いますが、「作業」というのは、回数を重ねるとより上手になるし、ミスをすると仕上がりは不完全となります。ということは、絶対に正しい答えを出すという覚悟を持って計算のトレーニングに努力することが必要でしょう。

文章題ができないという悩みもよく聞きますが、まず算数の文章の言い回しに慣れることと、必要事項を抜き出すことを素早くすることです。易しいものから解き始めて、解き方を丸暗記するのではなく、なぜその解き方をするのかとじっくり考えることです。

解き方の理屈がわかったら、その解き方が身について覚えてしまうまで何度もやることです。

図形は、算数特有の用語に慣れることと、必ず数字が絡んでくるのでその使い方を覚えるということです。

＊理科

小学校は理科とまとめていますが、内容は「生物・化学・物理・地学」に分かれています。中高ではそれぞれをかなり深く学びますが、小学校ではその入門編を学びます。何事もはじめが大切なので、理科って面白いなと子どもが思うことが大切です。**教科書に出てくる内容を勉強するだけではなく、本物をできるだけ見ること（例えば、花、夜空の星、虫など）が楽しむコツです。**系統だてて覚えると正しく理解できるので、塾のテキストを中心に学び、暗記することはちょっと面倒ですが、しっかり覚えることが大切です。当然テストの点数もアップします。塾に行っていなければ、市販の参考書、問題集を使って知識の定着を目指しましょう。

＊社会

社会の内容は、「歴史、地理、公民」ということになります。社会となると、とにかく暗記をしなければ、と思いがちですがそんなになんでも覚えられるものではありません。しかも、覚えることが多すぎて結局は挫折して、点数も取れず苦手科目になってしまうというのはよくある話です。やはり、楽しくないと気が進みませんから、**楽しさを求めて導入にマンガを使うのがいいと思います。**歴史も用語を覚えるだけでは不十分で、やはり歴史の流れをつかまないといけません。それには、教科書や参考書ではわかりづらく、一気に初めから最後まで面白く読めることが大事なのでマンガが最適ということです。マンガは絵で構成されていますから、昔の人が着ている衣服などもわかり興味深く読むことができます。

地理は、まず自分の住んでいる地域について詳しくなることから始めましょう。教科書では、絵や写真が少ないので「るるぶ」などの旅行雑誌を使うのがおすすめです。旅行雑誌は、写真が大きくて楽しんで読めます。お土産や食べ物などテストには絶対に出ない項目もたくさんありますがそのような写真を見るのも楽しさの一つで興味が広がります。自然に知識が身につくということが大切なのです。

社会も教科書の中のことをできるだけ、本物と結びつけることが大切ですが、理科と違ってなかなか難しいのです。日本地理を学ぶために、日本全国を旅行するわけにはいかないですよね。それでも、できるだけ博物館、美術館、動物園、植物園などに行くということはできます。選挙の時には、投票所には必ず連れて行って投票の様子を見せておくことも大切です。

要するに、楽しくなければ「勉強」ではないと考えた方がいいです。子どもに楽しくないものを無理やり我慢させて勉強させる、ということは長続きしないし学力にはつながりません。すべての科目において、「楽しさ」を優先する工夫をしませんか。机の上で勉強しているものは全て日常の実生活に結びつくことを教えましょう。テストのためだけに、付け焼き刃で覚えるのは無味乾燥な知識になってしまいますから要注意です。

やはり、何事も親が一手間かけることが大事ということですね。ぜひ、楽しんでやってみてください。

18

Q うちの子は暗記があまり得意ではありません。何か効果的な方法があれば教えてください。

A 「覚える」というのではなく、「何度も見る」ことをこころがける。

暗記というのは、今まで頭の中にもともとないことを入れ込もうとすることなので、かなり難しい作業です。見ただけで暗記できるという人はほとんどいません。何か覚えたいことを「よし！　覚えるぞ！」と意気込んで時間をかけても、時間を無駄にすることになるだけです。それは、人間は忘れる動物だから、すぐに使わないものはどんどん忘れるからです。しかし、勉強としては、必ず暗記しなければいけない項目がありますし、特に社会や理科の暗記分野は覚えざるを得ないことが多いのです。しかし、テキストに出てくる用語をそのまま暗記しようとするのは無理ですし、すぐに忘れます。

効果的なやり方としては、

(1) テキストをざっと見る。
(2) その範囲の問題集を答えを見ながらやってみる。
(3) テキストのどこが問題になっているのかを確認する。
(4) 間違えたところをノートに書き出す。
(5) ノートを隙間時間でちょこちょこ見る。
(6) それでも、なかなか覚えられないことばはA4のコピー用紙に大きく書いて壁に貼る。

というようにしたら、覚えられます。

「覚える」というのではなく、「何度も見ていたら覚えちゃった～」という感じにするのがベストな方法です。「何度も見る」ために時間をわざわざそれ専用に使わないことです。結局忘れてしまったらその時間は無駄になってしまいますので、1日の隙間時間でいつもそのノートを見ることです。記憶するためには、**忘れないうちに上書き保存を気楽に繰り返すことが、一番コスパがいいやり方です。**

19

Q 中学受験、高校受験、大学受験、それぞれ受験勉強を始める適切なタイミングはいつなのでしょうか？

A 受験勉強を始める時期は非常に重要。なるべく早めに。

入学試験に不合格だった人に聞いてみると、かなりの割合の人が「時間が足りなかった」と言います。でも「時間はあったでしょ？」ということですね。受験生の持ち時間はみんな同じです。要するに、**入試は持ち時間をいかに使うかが勝負ということです。**

だから、受験勉強を始める時期は非常に重要ということです。

中学受験は、普通小4から小6まで塾で鍛えてもらうことが王道。今は、中学受験が過熱してきて入塾時期が早まっています。近くの塾で小1クラスの空きがすぐになくなるという地域もありますから、**入塾時期は自分の環境のことを考慮しながら決めること**

です。入塾にあたって、計算力だけはつけておかないと塾で苦労するので、中学受験のためには、基礎学力をなるべく早くつけておいて入塾することを考えておいた方がいいと思います。

高校受験は、中学に入学したらすぐに親が内申書の扱いを先生に聞き情報を集めることです。都道府県によって内申書の扱いがかなり違うので、具体的に把握しておく必要があります。定期テストの結果は非常に大事なので、準備は毎回怠らないことです。**高校受験は中学に入学したらすぐに始める、**ということです。

大学受験は、高1からは真剣に方向を見極めつつ頑張り始めましょう。どの科目でも大学入試に合格するレベルまでに引き上げるには、3年かかると覚悟をしてください。

中高一貫校は、高校受験がないので中3と高1は中弛《なかだる》みの時期と言われています。高1になっても緩んだままだと当然受験まで2年間しかないということになりますから、間に合わないことになります。

20

Q 子ども部屋、図書館、リビング。どこで勉強してもらう方がいいでしょうか？

A 「どこで勉強するか」は誤り。正しくは「どこでも勉強する」です。

勉強をするのはどこでもいいのです。というより、どこでも勉強できるように育ててください。最適な環境に囲まれないと勉強できないという甘えを持たせないことです。しなければならないことは、なんとしてもやるという覚悟を常に持つことを日常生活で少しずつ身につけることは大切です。

子どもには**「問題を解いて正しい答えを出すことのみが仕事。どういう状況においても成し遂げる覚悟が必要」**と話しておいてください。子どもによっては、図書館では気が散る子もいます。定期テストの勉強をするために図書館に行くと、友達とおしゃべりしてしまい時間を無駄にすることが多いので、親は「図書館で勉強する」という言葉に騙されないように。「子ども部屋」で勉強できる小学生はほとんどいないと思った方がいいです。親の目もなく、隔離された部屋で一人黙々と勉強するのは非常に孤独なので、多くの子どもはその孤独に耐えられず、手がマンガやスマホなどに伸び、そのままゆうに1～2時間は過ごしてしまうのがおちです。「リビング」学習は、最近トレンドではありますが、子ども部屋を渡しておいて勉強のみリビングの食卓でするというのは、中途半端です。**リビングで勉強するのではなく、リビングを勉強部屋にするという発想が必要です。**要するに、「どこで勉強するか」ではなく、「どこでも勉強する」ということです。「勉強してもらう」ではなく「勉強するのは当然」と親は考えるべきです。

21

Q 受験する場合、塾に通わせた方がいいのでしょうか？

A プロの力は必要ですが、塾は慎重に選んでください。

受験は、確実な情報をもとに戦略的に進めないと時間と手間のロスが大きいのです。その無駄を避けるためには、やはりプロの力は不可欠です。理想としては**プロにお願いして、親は徹底したサポートに回ることが一番の近道だし、ラクに合格に近づける方法**ということになります。その頼るべき塾をどこにするかが大きな問題ということですね。一度入塾したのに、その塾に合わないからやめて、また違う塾に入るということを繰り返す保護者がいますが、時間もお金も手間も無駄にしています。**ここだと決めたら、決めたところで必死に頑張ることが成績を伸ばす近道です。**

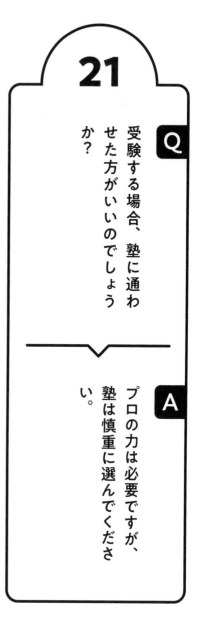

塾を選ぶ基準としては、

（1）行きたい学校にたくさん合格させているかを調べる。やはり、その学校に5年間で「1人合格」というような塾を選ぶのは危険。その年にたまたまできる子が1人いただけ、ということかもしれないから。

（2）通える距離かどうかを検証。基本的に、小4から小6は通塾するし、もっと低学年から通うことも多いので、片道1時間などというのは小学生にとって疲れすぎる。長くて30分が適当と思います。電車で何回も乗り換えるというのも負担が大きいでしょう。車で送迎できるのなら、ぜひしてあげて欲しいです。

（3）塾のテキストを見に行ってパラパラとめくってみる。問題がページにツメツメに書かれているのは避ける。ページの空白部分は子どもの気持ちの余裕になる。ぎゅうぎゅう詰めに並んだ問題は、なぜか難しく見えてしまい子どものやる気を削いでしまう。テキストの構成は、意外と子どものやる気に影響するのです。

このようなことを考えながら、慎重に塾を選んでください。

22

Q

夏休みなどの長期休みで勉強習慣やいつものリズムが狂ってしまいます。どうすればいいでしょうか？

A

体と心を「休ませる」ことを第一に長期休暇用のスケジュールを作りましょう。

長期休みでいつものリズムを保つのは無理でしょうね。しかも、いつものリズムで生活したら長期休みの意味がありませんから、いつものように過ごす必要はありません。せっかく学校がない休みなのだから、普段とは違う生活リズムで生活した方が楽しいし有益ですよ。**長い休みですから、子どもたちの体と心を「休ませる」ことを第一に長期休暇用のスケジュールを作ってみませんか？**

皆さんも何度か経験があるかと思いますが、休みはどんなに長くても無計画ではあっという間に終わってしまいます。毎年、夏休みの宿題を8月31日に子どもを叱りながら仕上げるというご家庭も少なくないですね。やはり、休みの最後が悲劇にならないようにスケジュールは必要です。スケジュールは毎日の羅針盤のようなもので、なければ夏休みという名の荒海に小さな船で漕ぎ出したようになり、9月1日にやっと辿り着いたものの、船はぼろぼろという状態になりかねません。そもそも、長期休暇と呼ばれるものには、「夏休み」「冬休み」「春休み」があります。「冬休み」は、なんといっても一年のビッグイベントの「クリスマス」と「お正月」があります。クリスマスがある12月に入るとあちらこちらから聞こえてくるクリスマスソングにウキウキするのは避けられません。ましてや日本古来のお正月は、前日の大晦日もセットで楽しみますから、12月31日＋（1月1日～3日）＝4日間は、勉強することには使い物になりません。人間は、気分をそんなに上手に切り替えられませんから、その4日間の前後の日も使えませんよね。ということで、冬休みは一週間しか勉強に充てられないので、学校の宿題を最優先にして、もうひとつ一番苦手な科目の中の1項目だけを余分にしませんか？　宿題だけだと、少しもったいない感じがしますし、かといってそんなにたくさんのことはできないので、一つだけ得意なことを増やすつもりでやってみるといいです。おすすめは、理科ですね。社会は意外と1項目でもボリュームがありますので終わらないと心残りですから、理科の暗記が多い分野をするとなんだか少し安心しますよ。

「春休み」は、学年の狭間なので宿題がなかったり少なかったりするので気が抜けるのですが、実はこの春休みは次の学年でいいスタートを切る大事な二週間と言えます。前学年の積み残しを具体的に箇条書きにして、新学年まで残しておいたらすごく心配なこと3項目をやっつけましょう。学校で使っている問題集ではなく書店に行って薄めの楽しそうな問題集を買ってみるといいです。目新しい教材はやる気を出してくれますよ。

前学年のやり直しと長い2学期を有意義に過ごすために使うのは「夏休み」。

「春休み」「夏休み」「冬休み」のそれぞれの違う意義を理解して子どもに話しておきましょう。長期休みは油断するとゲーム三昧になりかねませんから話し合いとスケジュールは必須です。**具体的なスケジュールを親が主導で子どもと一緒に作ることがまず大事**だということはおわかりいただけたでしょうか。

23

Q

○歳〜○歳までに学ぶべきこと、○歳以上に学べばいいことなど佐藤さんが意識してきたことがあれば教えてください。

A

0歳〜3歳のように、18歳までを3年間単位で考えると分かりやすいでしょう。

私が子どもたちに当時考えて実践してきたことをお話ししましょう。まず、日本の教育体制の中で生きていくわけですから、その枠で考えるべきです。そうなると、小学校6年間、中学校3年間、高校3年間の合計12年間子どもは学校という組織で学ぶことになります。小学校に入学するまでに6年間ありますから、18歳までを3年間単位で考えると分かりやすいし便利です。**0歳〜3歳、4歳〜6歳、7歳〜9歳、10歳〜12歳、13歳〜15歳、16歳〜18歳で考えてみます。**

(1) 0歳〜3歳

まだ字を読めたりできませんが、耳は聞こえています。それで、耳からできるだけ多くの美しい日本語、日本人独特の感情、日本の文化の基本を正しい日本語で話しかけて子どもの耳に入れたいと思いました。私が日本語や日本文化にこだわったのは、私たち夫婦が日本で育った日本人だということが大きいこともあります。また、当時からよく「インターナショナル」「グローバル」という言葉を聞きましたが、世界に目を向ける前に自分の足元をよく考えることが大切だと思ったからです。人間はそんなに初めから広い視野を持つことはできません。我が家の子どもたちは奈良生まれなので、私はまず地元の奈良を大好きになってほしいと思いました。その後、奈良県↓関西↓西日本↓東日本↓日本↓アジア↓世界と視野を広げて世界中の人と仲良くしてほしいと思っていました。それにはまず、「地元愛」ですよね。ということで、母国語にこだわり、絵本と童謡を3歳まで1人1万冊、1万曲を読み歌いました。1万というと大変な大きさの数字に思えますが、3歳までに1日10冊、10曲読んだり歌ったりすると達成できる数字です。絵本を10冊というと大変そうですが、1冊数分で読めますので1日の家事の合間に読んだら気楽にできます。童謡はもっと短い時間でクリアできます。

(2) 4歳〜6歳

小学校入学を見据えて小1からいいスタートダッシュを切るために、「ひらがな」「カタカナ」「数字」「一桁の足し算」「九九」を教えました。

(3) 7歳〜9歳

よく「9歳の壁」という言葉を聞きますが、それはあると思います。専門的なことは分かりませんが、私の感覚としても小3と小4は大きく違うと思いました。「小3」は幼稚園に近い、「小4」は、「少年」になり次第に中学生に近づいているな〜という感じがしました。だから、小学校に入学してランドセルを背負って「行ってきま〜す」と家を出ると大きくなったように思ってしまいますが、9歳までは親が思うほど大きくはないということです。だから、あらゆる面でのケアが必要です。

(4) 10歳〜12歳

中学受験をする場合この時期は受験内容の仕上げに入るので、受験をすることを決めたら日々無駄を省いた生活をすることに気をつけました。受験をしない場合は、高校受験を見据え、中学生活を無事に送るために小学校で学ぶことに落ち度のないようにすることに留意するべきでしょう。

(5) 13歳〜15歳

中学校に入学した途端、英語が本格化するので学び損なわないように、中間・期末テストには全力を尽くしましょう。中高一貫校は、中3と高1は中だるみの時期なので要注意。高校受験がある子は、内申書に注意が必要です。

(6)　16歳〜18歳

高2から理系・文系に分かれるので、テストの点数を考慮しながら方向性を決め始めましょう。私は、まず大学や学部などを具体的には決めずに、できるだけ頑張って実力を伸ばし、その時点で合格できそうな大学や学部を受験校に決めるように話していました。子どもに対する私の希望は「人生を楽しく元気に生きていってほしい」ということだけだったので、私が具体的な大学名などを口にして「○○大学に行ってほしい」というようなことは言わなかったし、考えもしなかったです。

これが、0歳〜18歳までの話ですが、**子育てはやはり生まれてから小さい時に親が何を大事にするかは一応決めておくことが大切だと思います。**それぞれ、親の考えが違うのは当然で、それでこそいろんな考えの子どもが育って世の中が多種多様の価値観にあふれて豊かになるのですね。しかし、12歳までに学ぶ基礎学力はどの道に進もうと必要なものなのでしっかりと学ばせることは忘れないでほしいと思います。

24

Q 30分も勉強したら集中力が切れてしまうようです。どうすればいいでしょうか？

A できそうな問題の量を各科目で決めて、親がタイマーで計ってみましょう。

小学生の集中力は、小1・小2で15分、小3・小4で30分、小5・小6は子どもによります。親は、やり始めたらなんでもまとめてさせた方がスッキリしますから、一科目を終わりまでさせる傾向にあります。でも、そううまくはいかないものです。**30分たって集中できなくなったら、そのあとそのまま同じ教材をさせても、苦行になります。**このお子さんの場合は、おそらく集中しているのは15分くらいだと思われますので、15分単位で科目を替えることです。初めに算数3問→国語1問→理科2問というように、15分でできそうな量を各科目で決めて次々とタイマーで計って親が替えるといいのです。

途中までしかすんでなくても、有無を言わさず取り上げるのがコツ。子どもも計算の途中で取り上げられると、また初めからやり直しなので必死に時間内ですませようとします。不思議なもので、毎日そのようにしていると、集中力は伸びてきます。**集中力って鍛えられるものなのです。**親の手助けなしではできませんけど。

25

Q 授業のスピードに合わせて勉強するのがベストなのでしょうか？

A ベストのスピードは、子どもが勉強を楽しいと思える早さです。

授業のスピードは、学校やクラスによって様々です。全ての子どもに合っているわけではありませんから、授業の早さに合わせることはベストではありません。ベストの方法は、子どもが勉強を楽しいと思える早さです。

子どもは、難しすぎても楽しくないし、また易しすぎても楽しくないのです。その子がほんの少し背伸びしてわかるぐらいなら目新しくて楽しんでやります。お子さんの学年より上のレベルのものをやるのは全くかまわないと思います。ただし、気をつけるべきは、先取りする時に先にいくことだけを優先して習熟度を軽くみることです。現学年のことを最優先にして、上の学年のことは楽しくできるスピードでして「いつまでにここまで進む」というような目標は立てないことですね。得てして、お父さんにありがちですが仕事の成果をあげるように子どもを鍛えようとしたがるのです。しかし、子どもは生き物なのでそのようなことをすると必ずつぶれます。

先取りする時に大事なことは、どの教材を使うのか、どこかの塾などのシステムを利用するのか、一旦使い始めたものは一貫して使わないと効率が悪いし覚えにくいということです。ですから、そのようなことを前もって見極めてすることですね。

26

Q 中学生の息子がテスト前日は徹夜して勉強しているのですが大丈夫でしょうか？

A 全く心配ありません。若いから大丈夫。

それは、全く心配ありません。でも、前の日までテスト当日の科目の勉強を全くしていないための徹夜でしたら、それは準備不足すぎるのでもっと前から準備するようにしてください。どんなに準備していても、**やはり前の日は見直したくなるものなので、徹夜すること自体はいいことだと思います。**

徹夜なんて若くないとできませんから、定期テストのたびに徹夜したことはあとあと楽しい思い出になります。我が家も定期テストの時には、徹夜を楽しんでいたようでした。私も日頃買わないカップラーメンなどを山のように買ってきて、夜中になるとみんなでそれを食べながらワイワイと勉強していました。子どもたちは、学校が遠いので完徹は無理ということで、3時か4時には寝ていました。でも、6時すぎには起きますから、若いってすごいな〜と私は思っていましたけど。それで、我が家は定期テストの期間は「カップラーメン祭り」と言っていましたよ。私も子どもほど若くはないわけですが、子どもたちが起きているのに寝るわけにはいかないので、付き合って起きていました（あの頃は、私も今より若かったということですね）。その期間、子どもが学校にいっている間私は少しお昼寝をしましたけど。定期テストの前準備としては、英語と数学は日頃の予習と復習をしておくこと、社会の暗記事項は早めに覚え始めること、理科も範囲内のことが全くわからないということにはしないこと（つまり、授業はよく聞いて板書はきちんと取ることです）、国語の漢字は日頃からチマチマとやっておくこと、国語の本文の内容はテスト範囲が発表されてから丁寧にやること、というようなことがポイントです。

定期テストはいい点を取らないと親子でテンションが下がりますから、いい点数にこだわりましょう。暗記事項は親が手伝ってあげると少しラクに点数が上がります。

27

Q 親が協力してわからなかったところを自宅でも教えてあげた方がいいのでしょうか?

A 注意するのは、塾での教え方を否定しないようにすること。

親が教えられるのでしたら、教えたらいいと思います。注意しなければいけないことは、例えば塾での教え方を否定しないようにすることです。子どもは親も信じていますが、先生も信じていますので大人の意見が違うとどちらのいうことを聞けばいいのか迷ってしまいます。特に算数の問題で、解き方は一つではないことが多く、塾はそれぞれ独自の一貫した教え方をしている場合が多いので、塾の同じやり方で小6の最後までやる方が子どもの能力は伸びます。そのときに、わからない問題を親の独自のやり方で教えると、子どもの頭の中はごちゃごちゃになるのです。子どもにとって全てが生まれて初めてのものなので気をつけないといけません。

子どもを賢くしたい時、**何事もシンプルな方法で教えるのがコツなのです。**一つの問題に親と先生の二つのやり方を耳に入れるのはよくないことはおわかりでしょう。しかし、国語や社会などは親の経験や知識を交えて説明するのはよりわかりやすくなるのでおすすめです。算数は学年が上がると難しくなって、親も教えられなくなりますので、塾に併設されている個別塾を利用するのもいいと思います。家庭教師の先生にお願いするのもいいのですが、一対一で教えてもらうと、わからない問題をなぜわからないのかを教えるのではなく単に解き方を教えるだけになってしまいがちになるのが難点です。家庭教師の先生に教えてもらっているのに点数が上がらないという悩みはよく相談されますね。

適切な指導をすれば必ず点数に現れますので、点数が上がらなかったら方法に問題があるということですから、それぞれの先生に相談することです。

28

Q 中学受験を控えています。エスカレーター式で大学まで進学できるのですが、子どもが怠けてしまいそうで心配です。

A 大学受験はしないとはいえ、塾や予備校にはいくべき。

まあ、間違いなく怠けるでしょうね。合否のでる受験がなければ人間は勉強しませんから。大学でも下からエスカレーター式で入学した学生は学力が低いというのはよく聞きます。それはそうでしょうね。当然の現象だと思いますよ。でも、口から心臓が飛び出そうなくらい緊張する合格発表を味わわなくてもいいのはちょっとうらやましいかも。人生は二つの道を歩くことはできませんから、どちらかの道を選ばなければなりません。エスカレーター式で大学まで行くことに決めたら、メリットを最大限生かして大学に入った時に学力が低いと言われないようにしたらいいだけです。やはり、学校の雰囲気は他の進学校よりゆるいと思いますので、その空気感に巻き込まれたら大した実力はつかないままでしょう。大学受験はしないとはいえ、塾や予備校に入った方がいいと思います。**違う学校の生徒の雰囲気を知ることもできるし刺激にもなります。**時々は予備校主催の模試を受けて周りの様子を見ることもいいと思います。

時間があるので勉強以外のことにゆっくりと取り組めますから、クラブやお稽古事や家族旅行なども計画するといいですね。40歳くらいになった時に18歳の選択を振り返って、「受験のないエスカレーター式にしてよかった」と思える6年間にしてほしいです。あまりにも周りの雰囲気がゆるすぎて「これでは自分はダメになる〜」と心配になったら、思い切って外部を受けるのもありです。**外部の受験は、思ったよりも厳しいものですから生半可な気持ちでは危険です。**

29

Q 田舎に住んでいるので、都会と同じように教育することができません。オンラインなどを活用するべきでしょうか？

A とりあえず半年でもオンライン授業を受けることをお勧めします。

確かに受験は、「情報勝負」のところがありますから近くに有名塾や予備校などがある方がいろいろと有利ではありますね。それは否めません。しかし、引っ越しでもしない限りは、状況を変えることはできないわけですから、今の場所でできるだけ努力する以外方法はありません。

幸い今の時代は、昔と違ってネットでかなりの情報を得ることができますので、田舎でも遜色なく頑張れます。まず、田舎に住んでいることを嘆いたり不平不満を言ったりしないことです。人間はないものねだりをしがちですから、つい「都会に住んだらもっといい受験ができるのに」と思ってしまうのです。しかし、都会に住んでいる子は、教育環境が整っているがゆえに、熾烈な受験競争に晒されていて中には病んだようになる子もいますから、どちらがいいとは一概には言えません。はじめに、この地で頑張るんだと腹を括《くく》ることですね。少しでもレベルの高い授業に触れるということはいい刺激になりますから、とりあえず半年でもオンライン授業を受けることをお勧めします。

オンライン授業も玉石混交ですから、よく考えて選んでください。オンライン授業を受けずに、「どんなことをするのだろう」と想像するだけでは不安が増すだけですから、「とりあえず」「なんとなく」参加してみませんか？　なんでもやってみないとわからないので、やってみることです。ただし、オンライン授業は自宅で受けるので、スケジュール管理と日常生活の中にいかにオンライン授業を入れ込むかなどを考えないといけません。漫然と目の前に流れている動画を見ていても全く実力はつきません。

100の習慣

30 > 62

第二章

子どもとのコミュニケーションに関する悩みに答える

30

Q 受験に失敗した子どもになんと声をかけてあげればいいのでしょうか？

A これから子どもが元気よく前向きに生きていける言葉をかけてあげましょう。

合格発表の前に、短すぎず、長すぎないセリフを前もって考えて、上手に言えるように練習をしておくことです。合格発表を見に行って我が子の受験番号がなかった時には、親子で衝撃を受けます。やはり、相当がっかりしますし親は気をつけてはいるものの、やはり人間ですから思いがけない言葉を口に出してしまう危険性は大いにあります。**親は口にした言葉は忘れがちですが、その言葉で傷ついた子どもは一生忘れません。**ずっと胸に突き刺さったまま生きていくことになってしまうかもしれません。

受験には、中学受験、高校受験、大学受験がありますが、それぞれ12歳、15歳、18歳ですから、どれも人生ははじまったばかりなのです。その年齢で本人の人生を終わらせるような言葉は決してかけないことに最大限の注意を払うことですね。「お母さんは、○○中学にいって欲しかったのに」「○○君は合格したのにね」「なんでもっと頑張らなかったの」「あのとき、ちゃんとやらなかったからよ」というような言葉は、NGですね。思わず、悪気もなく軽く言ってしまいがちな言葉ですからお母さんの気持ちもわからないではありませんが、大人で親ですから、このような言葉はやはり飲み込みましょう。かける言葉は、これから子どもが元気よく前向きに生きていける言葉を選んでください。「よく頑張ったね。結果はちょっと残念だったけど、△△中学に行って頑張ろうね！　お母さんもまた応援するからね！」というのが、ねぎらい、現実の受け止め、未来への希望、親の寄り添いが全て盛り込んでいていいと思いますがいかがでしょうか。

たとえ第一希望ではなくてもお母さんも子どもが入学した学校の保護者会、親のクラブ、ランチなどには積極的に参加して学校を楽しんでください。その姿を見て子どもも自分の母校となる学校が好きになり頑張ろうという気持ちになります。

間違っても、料理をしながらこっそり不合格になってしまった第一希望の学校を思い出して泣かないように。そのことは子どもを深く傷つけます。

31

Q 第一希望の大学に落ちてしまいました。子どもは絶対にその大学に行きたいから一浪すると言っています。

A 浪人は一年と決め、そこで合格した大学に入ることが得策でしょう。

浪人は、一年のみと約束させることです。それで、合格しなければ不本意だろうけど合格した大学に進学することを約束しておいた方がいいと思います。世の中には、多浪生の話も耳にしますが、それは最終的に希望の大学に合格した場合の話がほとんどです。基本的に、多くの多浪生は途中大学進学を諦めたり、学部や大学を大きく変えたりしています。自分の人生をどのように使おうと勝手ですが、長い浪人生活にかかる費用を親に出してもらいながら生きていくのをどのように自ら捉えるかですね。私が誰かの人生の方向を断言することはできませんが、浪人生活で何をするのかと言えば「高校生の勉強」をするわけですから、現役で合格した人はそれを3年で成し遂げているのに、**同じことを長々とやるのはやっぱり人生がもったいないような気がします。**

希望の大学ではないけれど、大学に入ってそこで自分の専門を選んで生きる道を探す方がいいと思うのは私が親という立場から考えてしまうからかもしれませんが。何浪もしたのに、結局現役の時にも合格できたレベルの大学に進むことになってしまったという話はよくある話です。そもそも、人間は18歳まではひたすら成長しますが、20歳前後からはそれなりに老化します。瞬発力が必要な受験は、若い方が圧倒的に有利なのは間違いありません。そういうわけで、高校3年間で覚えそこなったものを補強するのに1年使うことにし、そこで合格した大学に入学を決めることが得策かと思います。

32

Q 子ども部屋を与えると、そこにこもりっぱなしになってしまうのではないかと不安です。

A 子どもは寝る部屋は必要ですが、寝ること以外は一人でさせない方が健全に育ちます。

親の目が届かず何をしてもバレることなく気楽に過ごせる子ども部屋という場所は、子どもにとっていわば「安楽の場所」となるでしょうね。子どもには、それぞれの年齢で学ばなければならないことがあります。その内容は容易に身につくものではなく、かなり時間をかけてトレーニングを繰り返さなくてはなりません。そのような大変なことを、子ども部屋で子どもが一人で着々とすることはできないのはお分かりでしょう。今の子どもたちは、特にネットに対するハードルが低く、気楽にスマホなどを手に取り長い時間過ごしがちです。そのようなことをすると、当然つらい勉強などはしないことになりますから、学力はつきようもありません。

子どもは寝る部屋は必要ですが、寝ること以外は一人にさせない方が健全に育ちます。自分の部屋に入ってドアを閉めたら、親でもいきなり開けたりすることは揉め事の原因になるのは間違いなく、そうなると親は気を使って軽くノックをして子どものご機嫌を伺うことになります。親がそのような態度を取らざるを得ない家庭の中で子どもが「よく学びよく遊ぶ」ように育つでしょうか？　子どもは中高生になるとより部屋にこもるようになりますから、親子の会話がほとんどなくなります。そうなると、受験校の相談もしなくなり「不合格」がより近づいてくる事態になります。**受験は、親子やきょうだいで一致団結して向かうべきものなので、良好な関係が下支えになります**から、子ども部屋にこもるような状態ではなかなか難しいということです。

33

Q ついカッとして怒った時に手をあげてしまいました。その後、子どもになんと声をかけるべきでしょうか？

A 絶対に手をあげてはいけません。「ごめんなさい」と心から頭を下げましょう。

お母さんが子どもに手をあげて叩き痛い目にあわせた事実は子どもの人生から一生消せません、たとえどんな理由でも。「子どもに手をあげる」という行為はそれほどの非常に重い意味を持つことを忘れてはならないのです。だから、絶対に手をあげてはいけません。その後、どのような言葉をかけても取り返しはつきませんが、唯一あえて言えば「ごめんなさい」と心から頭を下げることしかないでしょうね。そして、二度としないことです。

よく考えてみてください。子どもは親に養われていますから、親から家を出されたら飢え死にするしかありません。そのような強い立場の人間から叩かれたことをどのように受け止めるでしょうか？　しかも小学生の間は親よりかなり体が小さいですから、親という逃れようのない立場に立つ人間で、しかも体の大きな人間から、かなり大きな手を上から振り下ろされるということは恐怖でしかありません。子どもの身長を100センチとします。お母さんの身長を160センチとすると、親の背の高さは1・6倍ということですね。ということは、お母さんの1・6倍は256センチになります。お母さんは、2メートル56センチの人間から手を上げられてどんな気持ちになりますか？　現代のNBAの平均身長は198センチと言いますから、256センチの大きさは想像できるでしょ？　そのような大きな人から、お母さんは手を振り下ろされてどうですか？しかも、自分の生活や命までも握られている人からですよ。**それはそれは悲しく心から怖いこと**がお分かりですよね。

34

Q

3人兄弟です。弟二人には服やおもちゃなどお下がりを渡しているのですがこのままでいいのでしょうか？

A

全く買わないというのはかわいそう。バランスを考えないといけません。

基本的には、いいと思います。でも、18歳まで弟二人に新しい服とおもちゃを全く買わないというのはかわいそうですから、そこはバランスを考えないといけないでしょう。子ども3人というのは、大きくなって学費がかかりますから、家で着る普段着やパジャマなどはどんどんお下がりを使ってお金は無駄にかけないのがいいですよね。そのようなことにお金を使っても大したことはなさそうな感じはしますが、まとまると結構な金額になります。**普段着のようなものは節約の対象にしてもいいと思います。**

我が家の場合をご紹介すると、上の3人の息子たちは年が近いので洋服はほとんどお下がり。長男だけが新しい洋服を着ていましたが、すぐ大きくなるので1歳半離れた年子の次男に着せ、その後は4歳離れた三男が着るという流れ。私の母は洋裁が得意で靴下以外コートなども全部手作りしてくれました。微妙に大きさを変えてお揃いのものを作ってくれたので子どもたちにとってお下がりということはほとんど気にならなかったのかも。嫌だ、ということは一度も聞かなかったです。でも、**おもちゃを買う時には年齢は違うけど、同じものを3つ買いました。**誰かが誕生日の時にも、同じものをみんなにあげるということに決めていました。誕生日の子どもだけおもちゃをもらうと、他の子どもは羨ましそうに指をくわえてみるということになりますよね。「後で貸して」と言っても、もらった子どもはなかなか手放さない。他の子はずっと寂しい思いをすることになるのはよくないです。洋服はどうでもいいけど、おもちゃはそれぞれに同じように買ってあげて欲しいと思います。

35

Q 子どもの話を聞く時、親の意見を一個人として話してもいいのでしょうか？

A 内容と言い方に気を付けましょう。「親が絶対に正しい」と思わないことです。

親が自分の意見を子どもに言うことはいいことだと思います。**問題は、その言う内容と言い方とそれに対して答えた子どもの意見の受け止め方でしょうね。**

(1) 親が言う内容

親は自分の経験からものを言うことになりますが、「親が絶対に正しい」と思わないことです。特にお父さんは思いがち。自分の意見が正しいとは限らないことを認識すること。親の意見は今でも通用する意見か？　思い込みではないか？　人の意見の受け売りではないか？　なぜその意見を持つのか理由が言えるのか？　最新の情報を踏まえて考えているのか？　加えて、子どもに自分の意見を押し付けるような物言いをしないことです。子どもを未熟な人間とみて上からものを言わないこと。子どもを一人の人間として認め、真摯に対峙することが大切です。

(2)　親の言い方

大声で話さないこと、押し付けがましい言い方はしないことが重要です。相手が話している時に遮って話そうとしないこと。子どもの意見を落ち着いた態度でうなずきながら聞くこと。親が自分の話をしたくてたまらない様子はNGです。あくまでも親子の対話なのだから、主役は子どもということを忘れずに。

(3)　子どもの意見の受け止め方

まず、子どもがどのような意見を言っても、親の第一声は「それは、おもしろいね～」にしましょう。子どもが自らどんどん楽しそうに話すように、気の利いたあいづちを打つこと。小さな子どもは特にとんでもないことを言ったりするが、決して否定はしないこと。今の時代には「？？」と親には思えるようなことでも、実際30年後には正しいことになることもありうるかもしれません。**どんなことでも頭から子どもの言うことを否定する権利は親にはないのです。**

36

Q **中学生（高校生）の子どもが非現実的な夢（野球選手やミュージシャン）を持っています。**

A **かっこよく頑張りたいと思うのは、まさに青春。きちんと考えてあげましょう。**

本当に、この年頃の子ってこのようなことを言いがちですよね。実際、有名な野球選手やミュージシャンが活躍しているのをテレビなどで見るとあのようにかっこよく頑張りたいと思うのは、まさに青春です。**野球選手とミュージシャンは、それぞれは別物ですから分けて考えましょう。**

(1) プロの野球選手

多くの場合、小学生のころからジュニアで活躍して甲子園での強豪校に入学。そこの野球部のレギュラーのメンバーになる必要があります。上位15人くらいには入らないと希望はもてません。それで、ドラフト会議で選んでもらいプロへ。そのプロに入っても活躍するのは難しいのです。活躍できても、せいぜい40歳までしかできないので世間の働き盛りの年齢で引退しないといけないわけです。これは、一流の選手の話ですよ。引退後も野球で仕事ができる人は少ないし多くの人は違う職業につくことになります。六大学で活躍する道もあるが、プロになるのは高校野球から入った選手より4年遅いので選手生命は短いわけです。ふ〜、考えれば考えるほど狭き門ですね。子どもたちは、その頂点を極めた選手しか知らないから夢を見てしまうのです。

(2) 売れているミュージシャン

この方が、もっとやっかいかも。野球はずば抜けた才能があれば、必ず誰かが見つけてくれる機会がありますが、ミュージシャンは才能があっても「運」がないと食べていけるほどには活躍できないですよね。苦節何年と聞きますが、その間の苦労は想像を絶するものでしょうね。人生のどこかで世に出られたらまだいいのですが、その確率は非常に低いのです。芸術分野で生きていく人は、「自分が一番!」と思い込める人でないとやっていけないという厳しい世界です。

要するに、人間は食べていくのが一番大変なので、誰かに食べさせてもらいながら自

分だけが「夢を追う」のは卑怯な考え方です。地味な仕事でも人の役に立ちながら額に汗して生活費を稼ぐことは非常に尊いことを忘れないように。やるべきことは自分のできることを増やすために学校に行ってどの分野にも応用が利く学力をつけるということでしょうか。中には、スポーツや芸術で成功する人も実際にいますから断言はできませんが、常に夢破れることを念頭にうかべ、どちらに転んでもいいようにはする必要があるでしょう。そんな中途半端な考えでは一流にはなれないと言う考えもあるでしょうが、親をはじめ周りの人たちに迷惑をかけることは大いにあることは忘れずに。どちらにしても、つぶしのきく最低限の学力は必要でしょうね。**「夢を見ながらとりあえず勉強しなさい」と子どもに話しておいてください。**

37

Q 休日にどうやって遊んであげればいいのかわかりません。

A まず親が楽しむことは大前提。子どもといっしょに休日を楽しんでください。

未就学児には、絵本、折り紙、トランプ、カルタ、工作、縄跳び、公園、自転車の練習、ボール遊びなど無理のないように遊んだらいいと思います。小学生は、ボードゲーム、トランプ、カルタ、キャッチボール、など、体がしっかりしてきていますから体を動かすことで遊んであげて欲しいと思います。中高生は、もう遊んであげるという感覚ではないですね。友達と遊ぶのを好みますからほっときましょう。一緒に遊ぶのが大変なのは未就学児ですが、一番可愛いのも未就学児。小さな子どもたちが、「キャーキャー」言いながら飛び回っているのをみるのは本当に幸せを感じます。

我が家は4人いましたから、絵本はかなりの冊数が家にあるものの やはり飽きるので、毎週日曜日にはみんなで図書館に絵本や紙芝居を借りに行きました。紙芝居は家にないので、大喜びでした。あと、トランプは1セットではすぐに終わるので、2セットでババ抜き、神経衰弱などをしていましたし、カルタも10種類ほども揃えていましたよ。**子どもを楽しませるには、まず親が楽しむことが大前提で、小道具が必要です。**「これは受けるかも～」と思いながら、休日に遊ぶものをこっそり買い揃えておくと休日が待ち遠しくなります。「休日は遊んであげないと……」と休日を受け身で考えると面倒になるし、子どもの一番可愛い時を逃してしまいますよ。**お父さん、お母さん、休日は積極的に楽しんでください！**

38

Q ご褒美はどんな時に何を渡してあげるのがいいのでしょうか？　学力テストで目標を決めたりするのはいいことなのでしょうか。

A 子どもが学ぶのは当たり前のことで、特別にご褒美をあげる必要はありません。

私は、幼稚園まではくもんのプリントをするときに、一枚したらマーブルチョコを一個ご褒美にしていたこともありました。そんなに長い期間ではないですが、一桁の足し算の時期はとにかくつらい時があり、続けてやらないとすぐ忘れるのでチョコレートを使ったということです。マーブルチョコは、子どもにちょうどいい大きさで色がカラフルでかわいいので、子どもたちは喜んでいました。プリントを3枚するときには、目の前に3つのチョコを並べて一枚すんだら一個パクッ。2枚目がすんだら2個目をパクッ、という感じです。ご褒美を考えたのはその時だけです。

学力テストで、例えば「50番までに入ったら、何かを買ってあげる」ということで頑張らせるのは果たしていいことなのでしょうか？　**子どもが学ぶのは当たり前のことで、特別にご褒美をあげて褒めるほどのことではありません。**「ご褒美をあげるからテストを頑張りなさい」とお尻をたたくと『テストのための勉強は嫌なものなのに辛抱したからご褒美をあげる』という意味になるので、「勉強＝嫌なもの、我慢してするもの」という構図を子どもの頭に植え付けることになります。**勉強というものは、知る喜びを得るもので本来楽しいものなのです。**勉強したことの対価をご褒美という物理的なものにすると、子どもはご褒美として、よりいいもの、より高価なものを求めるようになりますから、そのような親子の関係は醜いものになりますよね。学力テストで「次はもう10番、順位を上げたいね。それには、あと何点どの科目で取ったらいいかな？」と**具体的な目標を数字で話し合うと意外と効果があります。**テスト中に子どもはわからない問題に出くわした時、「わからないけど、今回は10点分粘って考えてみよう」と思えるからです。そのほんのちょっとの粘りがじわじわと実力をあげます。ご褒美を「ニンジン」として使わず「お疲れ様」の気持ちであげるのはたまにはいいのではないかと思いますが、間違ってもゲームのソフト」をあげたりしないように。

39

Q いつ子どもを褒めてあげればいいのでしょうか？ ついつい褒め過ぎているのではないかと心配になります。

A いつでも何事も小さなことでもいいので褒めることを探して褒めてあげましょう。

基本的に、子どもに限らず大人でも褒められた方が気持ちいいのは間違いありません。**褒められると前向きな気持ちになれますから、やはり子どもは褒めてあげてほしいと思います。**子どもの言動を親の考える基準でけなしたり否定したりしがちですが、果たして親の考えるその基準は絶対的に正しいと言えるのでしょうか？ それは、実は非常に疑わしいのです。親は、多少長く生きてきたからといって、そこまで人間としてできているものでもなく、考えがしっかりしているわけでもなく、大人の思い込みで叱責することになり子育てとして良い方法ではありません。この世の中は生きていくのに楽しいところだしお父さんとお母さんは自分の味方だと思ってほしいので、**小さな子は特に褒めるだけにしてほしいですね。**

危ないことをしたときには、なぜその行為が危ないのか、なぜしてはいけないのか、した場合はどうなるのかを丁寧に子どもの目を見ながら穏やかに話してあげてください。それが、先に生まれた者がとるべき態度です。いつ褒めればいいのかですが、いつでも何事も小さなことでもいいので褒めることを探して褒めてあげましょう。「褒め過ぎている」という心配をする必要はありません。「褒め足りない」ことは心配してほしいですけど。しかし、子どもはどんどん大きくなりますから、中高生のときサボりまくってテストの点数がとんでもなく悪かった場合、頑張って褒めても子ども自身が親の本心を疑うので足元を見られるような褒め方は避けなければなりませんね。その年頃の子どもには、原因を精査して解決方法を提案しながら、前を向くように声かけをするべきです。**子育てって、結局は子どもとの「信頼関係」の構築が必須**ですから、「褒め方」をその観点から考えると間違うことはありません。

40

Q 子どもがいつもどこか自信がなさそうに見えます。どうすれば自分に自信を持てる子になってくれるのでしょうか？

A 基礎を確実に。まずは「読み書き計算」の徹底を頑張ってください。

いろいろと原因はあるかと思いますが、なんといっても、「勉強がわからない」から「テストの点数が取れない」ということが要因の一つであることは容易に考えられます。他に考えられるのは、「走るのが遅い」「泳げない」などの体育系の悩み。「友達に仲間にいれてもらえない」「話に入れない」「人との会話が苦手」など人間関係の悩み。最近は全てのことにネットが絡んでいる場合が多いのでそこのところは要注意です。基本的に「自信がない」＝「何かができない」という構図が成り立ちますが、人間は全てのことを上手にすることはできません。

しかし、**何か一つでも「人より」または「人並み」にできることが本人に自信を持たせるきっかけになります。**それでも、例えば相当「泳ぐ」のが上手な場合、プールでは自信が持てますが、プールの外ではその自信を一年中ずっと持つことはできないのです。上手に泳げても、教室で算数がわからないと途端にその自信は霧のように消えます。「ものすごく走るのが速く」ても、教室で漢字が書けないとその自信も消えます。やはり、学校生活が避けられない子ども達にとって「基礎学力」に不安があると他に多少の自信があっても、それでは不十分なのです。だから、まず「読み書き計算」の徹底を頑張ってください。

「読み書き計算」のいいところは、練習すれば必ずレベルアップでき、勉強が苦手な親でも寄り添うことができる内容だということです。習得にはちょっと忍耐が必要ですが、それも親が側にいれば必ず乗り切れます。基礎が一つひとつ確実になってくると子どもの顔には自信が現れてきます。

41

Q **子どもの話の聞き方がわかりません。ついつい話を遮ってしまうのですが、どうすればいいでしょうか？**

A **どんな話でも「面白がる」ことがコツです。**

子どもの話は、大人にとって、「何度も同じことを言う」「荒唐無稽」「何を言っているのかわからない」「話が長い」などと思えるのでイラッとしてしまいますよね。だから、親は結局「いつまで話してるの」「もういいから」「ママは忙しいのよ」「また、あとでね」と言って子どもの話を中断させてしまうのです。**子どもは、お母さんに聞いてもらいたくてたまらない**のに、「もう、聞きたくない、話さなくていい」ということを言われたら悲しいですよね。

「じゃあ、誰に聞いてもらったらいいの?·」と子どもは思いますが、親以外にいないのでまた違う日に「ねえ、ねえ」とお母さんに話しかけます。そこでまた中断されたらまたがっかりです。そのようなことを何度か繰り返していると、子どもは中断される不愉快さを避けるために話しかけるのをやめてしまうのです。**親というのは勝手なもので、子どもが少し大きくなると「最近うちの子は話さない」「話しかけても、別にとしか言わない」と言い始めるのです。**あんなに子どもが話したがっている時に聞いてあげなかったのに。親子とはいえ、やはり別々の人間同士ですから、話すことでわかりあうことは大切です。

コツは、一つ。**どんな話でも、「面白がる」ことです。**お母さんも疲れているかとは思いますが、子どもの話を最後までじっくりと聞いてあげてください。「ふ～ん」「面白いね～」「それで、それで」の３つのセリフを駆使しながら、時々うなずきを入れて聞くことです。聞いたことは、忘れてもいいのです。だって、子どももほとんど覚えていないことの方が多いのですから。聞いてあげることが大事なのです。

42

Q

子どもが思っていることをあまり上手く察せられずにいます。どうすればいいのでしょうか？

A

「何を考えているの？」などと無粋なことは聞かないようにしてください。

人間は、たとえ親子でも思っていることを全部察することはできません。まず、そのことを心に留めておくことです。でも、それでいいのです。だって子どもでも親に知られたくないこともあるでしょうし、お母さんも子どもに知られたくないこともあるでしょ？　それでも、子どもの表情はきちんと見ておいてくださいね。その時に気をつけることは、人は楽しい時にだけ笑うのではなく、悲しい時にも笑顔を見せ、また、悲しい時にだけ泣くのではなく、嬉しい時にも涙を見せて泣くので、**表面上の表情だけで判断はしないことです。**子どもが何を考えているのかわからない時に、「何を考えているの？」などと無粋なことは聞かないように。

そこは「阿吽《あうん》の呼吸」で、**子どもの気持ちに踏み込むことはやめることですね。**なんでも、陽の元に明らかにすればいいというものではありませんよ。半年たって「ああ、あの時にはそんなことを思っていたのか」と気づくこともあります。しかし、今の時代は、いじめの問題も大きいので、いじめの場合は親としてかなり踏み込んで子どもを守ってほしいです。子どもが生きている世界は家と学校だけで非常に狭いので、子どもには外に出ればより世界が広がっているし自分が楽しく生きていく場所は必ずあるということを話しておくことです。子どもの思っていることを探偵のように探ることはせず、なんとなくお菓子を食べながらたわいもない話をすることから始めませんか？

そのとき、**親は「聞き上手」になって子どもの話を決して否定せず、子どもがなるべく話しやすくなる相槌を打つことですね。**

43

Q

スキンシップをどのくらい取ればいいのかわかりません。

A

スキンシップは大切。「抱っこ」といわれたら、何をおいても抱っこしてください。

子どもから、「いやだ～」と言われるまでピッタリくっついてください。生まれた時から、お風呂に入って遊んだり「抱っこ～」と言われたらどんなに忙しくても抱っこしてあげることにしましょう。小学校の高学年になったらさすがに大きくなって、子どもも抱っこはできないだろうと気づいていますから、こちらから頼んでも「抱っこ」とは言わないですね。

私は、「抱っこ」と言われたら、何をおいても抱っこをしました。この抱っこも近いうちに頼まれなくなるだろうな、と密かに思っていましたね。キッチンで料理中の時も子どもは「抱っこ、抱っこ」ときますから、左手で抱っこして右手で菜箸やフライ返しなどを持って料理していました。抱っこされた子どもも上から料理中の様子が見えるので面白がっていました。でも、子どももだんだん大きくなって私の左手での抱っこが次第にしんどくなってきて、左腕が子どもの重さで下がってくるようになってきました。それまでは、しっかり抱っこできたのに、なぜ？　と思い子どもの体重を測ってみたら、13・5キロでした。どうやら、私の左の腕力は13・5キロが限界ということがわかりました。皆さんの限界は何キロでしょうか？　私も、抱っこしながら料理を見せるのが気に入っていたのに、子どもが重たくなってできなくなったのが残念で、腕力を鍛えたいと思いましたが時間がなくて断念。高校生になった息子たちにも、「きゃ〜、ママはみんなが大好きだよ〜」と後ろからハグして頬をすりすりとふざけたりもしましたが、「わぁ〜、やめろ〜」と言って騒いでいたのが懐かしく思い出されます。**もう、二度とできないことなのでできるだけスキンシップを大事にしてよかったと思います。**大学生の娘とは今も一緒にお風呂に入っていますから、まだスキンシップは続いているということですね。

44

Q どうやって子ども同士の喧嘩を叱ればいいのでしょうか？

A それぞれの言い分をよく聞いて、揉め事を回避する方法を指南しましょう。

まず、双方の言い分をすべて、聞くことです。例えば、兄弟で喧嘩をしていた時に、いつも兄の言い分から聞くというのはフェアではありません。当事者たちはそのようなことをよく覚えていてこだわりますから、今回は兄から、その次は弟からというように順番に気をつけてください。兄が自分の説明をしている時に弟が「それは違う！」と口を挟んだりしますが、それを認めるとそれに反論する兄とまた言い合いになって、収拾がつかなくなり、売り言葉に買い言葉で事態は悪化しますから、**片方が説明をしている時には、もう片方はじっと聞くということは教えます。**

親も、二人の意見を聞いている時に「それはお兄ちゃんなんだから」などとコメントは言わない。ただ、ひたすら本人たちの言い分を「ふん、ふん」と全て聞くという態度に徹することです。子どもの喧嘩の場合、どちらかが一方的に悪いということは少ないのです。よく「喧嘩両成敗」と言いますが、そのような終わらせ方はしない方がいいと思います。兄と弟で50：50で引き分けというのは平等なようですが、真実を見極めてみると60：40、30：70ということもあるので、常にイーブンにすると不満が双方に残ります。それぞれの言い分をよく聞いて、**「この言い方はあなたが悪い。その時は、このように言うべきだった」と揉め事を回避する方法を指南します。**また片方には、「相手がこのように言ったのは、こういう理由だと思うよ」と子どもが気づいていないことを指摘。両方の言い分には、是もあり否もあることを説明しましょう。そうこうするうちに、子どもたちは落ち着いてきます。親が仲裁に入って言ってはいけないのは「お兄ちゃんなんだから」「弟でしょ」「もううるさいからいいかげんにしなさい」「近所に聞こえて恥ずかしいでしょ」というような本質とはなんの関係もない世間体だけを考えた言葉。このような言葉は何の解決にもならないので、適当な結論で終わらせないことです。両方の言い分にじっくり耳を傾けて「大岡さばき」をしてください。

45

Q 子どもをどのように怒ればいいのかわかりません。

A 感情的に怒らずに、落ち着いて考えて子どもに説明して納得させることが大事です。

親が感情的に怒らないということが一番大事です。子育て中は、常に睡眠不足で、思い通りにできない家事、自分の時間が持てない、体力を使うということがお母さんを精神的に辛くしていますし、本当に日々体力的にも疲れているかと思います。お母さんがそのような状態だと、子どものちょっとしたことに腹が立って子どもにとって理不尽な怒り方をしてしまいがちです。カッとなってしまいそうなときには、まず口を閉じて鼻から大きく息を吸いましょう。口を開けると子どもを傷つけてしまうようなとんでもない言葉を吐いてしまいますから、まず落ち着くことです。親はそもそも、何十年も早く生まれているのですから小さな子ども相手に感情的になるのはカッコ悪いです。

怒りたくなることが10個あったら、本当に怒らないといけないことはその中で1個あるかないかです。声の大きさにも注意が必要ですね。特にお父さんは、大きな声で恫喝するような怒り方になりがちなので気をつけてください。自分は父親なのだからそのような態度に出てもいいと思っていますが、子どもから見てもとても知的には見えないし、ましてや尊敬できる大人にはとても思えません。**お母さんは、怒ると甲高い声になりがちです。**簡単に言えば「キャンキャン」という感じに聞こえます。そのような言い方で何を言っても、残念ながら子どもの心には響きませんね。**とにかく、親は落ち着いて理論立てて、親の考えることを説明し子どもを納得させなければなりません。**何はともあれ、感情的になることは避けることにしましょう。

46

Q 兄が受験を控えていますが、二人の弟が家で騒がしくしています。子どもにどう注意すればいいのでしょうか？

A 弟たちも勉強を始める時間を兄と同じにして、それぞれの勉強を始めさせることです。

家の中がそのような状態では、お兄さんは勉強できませんね。受験生で勉強できないということは、入試に不合格になるということですから、弟たちが騒いでいる場合ではないのです。これは、親が環境づくりに失敗しています。同じ部屋で兄は勉強、弟たちは遊んでいるということですから、家の中の雰囲気は、「勉強・遊び」の2種類になっています。そうなると、人間はラクな方に転がっていきますから当然兄は気が散りまともな勉強はできないということになります。これには、何よりも家の中の雰囲気、つまり空気感を勉強一色にしなければなりません。弟たちも勉強を始める時間を兄と同じにして、**「よーい、スタート!」とそれぞれの勉強を始めさせることです。**

終わりの時間は、バラバラになりますから終わったら隣の部屋に順次移動ということがいいですね。二人の弟たちもいずれ受験生になるのですから、その時にやはり家族に協力してほしいでしょ、と話して邪魔はしないようにさせるべきです。家の中の環境を作るのは親の役目ですし、受験がどれだけ大切かということを話すこともしなければなりません。**受験の成功の要因は、「環境」「学ぶ習慣」の二つにつきますから、その二つの徹底に努力することです。**騒いでいる弟たちには、することを決めて毎日させると学習習慣もつきますから双方めでたし、めでたしということです。

47

Q　悪いことをした子どもになんと声をかけていいのかわかりません。

A　全ての場合において親がするべきことは「子どもの失敗に寄り添うこと」でしょう。

親が考える「悪いこと」とはなんでしょうか？　最悪の場合は「犯罪に関係したもの」、小さなことで考えれば「寝坊して学校に遅刻」「勉強しなくてテストの点数が悪い場合」などでしょうか？「犯罪に関係したもの」の場合は、それは声をかけるような生やさしいものではなく死ぬほど怒らないとだめですね。すぐに、弁護士と警察に相談することです。そんなことに巻き込まれないことを祈りながらもっと日常のレベルに目を移すと、**全ての場合において親がするべきことは「失敗に寄り添うこと」でしょうか。**

失敗したら本人の周りの人たちや世間は、すぐに容赦なく責めたりしますが、親としてはそのような人と一緒になって責めることは決してしてはいけないと思います。**世界中の人が責めても、親だけは味方になってくれるということは人が生きていく時に非常に大事なことなのです。**子どもの味方になるということは、子どものしたことにいつも「ＹＥＳ」と言うことではありません。違うと思ったらきちんと「ＮＯ」と言いながらも我が子の意見に耳を傾けてあげることなのです。世間は、同じ失敗を何度もしたりすると、もう言うことを聞いてくれないばかりでなく、見放してしまいます。まず、近所の人→友達→親戚→きょうだい→父親→母親の順番に見限られて離れていってしまいます。この順番は、大人が失敗した場合もほぼ同じで、なんと言っても最後の砦《とりで》は「母親」。**母親から見放されたら、立ち直れませんね。母は、偉大です。**結論としては、子どもが「悪いことをしてしまった」と思っているのなら「まあ、誰でも失敗はあるからね。次は気をつけなさいね」と声をかけ、したことが悪いと気がついていなかったら、なぜ悪いのかを責めないでこんこんと説明してください。

48

Q 息子と娘でどういうふうに接し方を変えるのがいいでしょうか?

A 男女の区別なく一人ひとりのありのままの存在を大切にして、接し方を考えて育てるべき。

昔から親は「男の子は泣かないのよ」「女の子は静かにしておくもの」というような男女の役割をはっきりと分ける言葉をよく言っていたものです。これは今でも結構使われていることがあり驚きですが、**このLGBTQの時代にはやはり視野が狭いということになりますね。**これからは、男女の区別なく一人ひとりのありのままの存在を大切にして、接し方を考えて育てるべきです。私は、3男1女を育てましたが、よく観察してみると同じように育ててもやはり違いはあります。私の少ない経験からお話しすると、小学校6年生まではほぼ同じように育てて大丈夫だと思いました。

下手に男女の違いを意識しすぎると、子どもはそれぞれ贔屓《ひいき》されているような、されていないようなややこしい感情を持つようです。中学生になると、そこそこ精神的にも成長するのでいろんな意味で理解できるようになっていました。なんといっても、体の成長の違いが著しくなりますから、接し方は変える必要があるでしょう。自分の子どもですから、気を使いすぎるのは間違いで、どちらの子どもも「かわいい」と思えばいいだけで難しく考えることはないと思います。息子たちは学校であったことはほとんど話さず、娘はいろいろと話してくれました。もう社会人になった息子たちの友達のお母さん方とランチする時「息子さんはお元気？」と聞くと「全然連絡ないけど生きてはいるらしい」という答えがあちこちから返ってきて、みんなでいつも大笑いです。「息子ってやつは」という感じです。

成長の仕方を面白がって育てることが、子育てを楽しくするコツですね。

49

Q 誕生日のプレゼントに子どもが不満そうでした。

A 子どもにとって一年のうちで自分だけのビッグイベントですから大事にしてあげましょう。

他のきょうだいの誕生日のプレゼントと比べているのでしょうね。「なぜ、僕のプレゼントは、お兄ちゃんの時のものより安そうなものなの？」とか思っているのではないですか？　**誕生日というのは、子どもにとって一年のうちで自分だけのビッグイベントですから大事にしてあげないといけないのです。**

クリスマスは、みんな同時のイベントなので、誕生日に比べると少し重要度は下がります。とにかく、プレゼントの選定には気を遣いますよね。年齢によって喜ぶものは違うし、その時に流行《はや》っているものも変わってくるし、値段が大きく違うのも見たらすぐわかるし、毎回プレゼントには頭が痛いですよね。

私は、さまざまなシミュレーションを頭の中でした結果、誰かの誕生日には同じプレゼントを人数分買って子どもたちみんなに渡すことにしました。例えば長男にあるおもちゃをプレゼントしたとします。子どもは新しいものが大好きですから、他の子どもたちは長男がもらったプレゼントが珍しくてたまりません。だから、そのプレゼントを「後で貸して」と長男に頼みますが、長男は自分がもらったものなのでしばらくはそれで遊びたくて、なかなか貸そうとはしないでしょう。他の子どもは、長男が楽しそうに遊んでいる様子を指をくわえてしばらくは見ているという状況になりますね。その様子はかわいそうではないですか？　しかも、きょうだいが4人だったら、いつも誰かの誕生日には、幸せな人間が一人、楽しくない人間が3人ということになります。そうなるとプレゼントは罪作りなものとなります。そのことを避けたかったので私は誕生日には本人と同じプレゼントを他の子にも渡すことにしていたのです。だから、**我が家の子どもたちは、自分の誕生日だけではなく、他のきょうだいの誕生日も本当に楽しみにしていました。**多少お金はかかりますが、子どもたちの心に残る楽しい思い出を作るためには、お金には代えられないと思います。

50

Q テレビは1日どのくらい見せてもいいのでしょうか？

A 1日どのくらい見せるのかではなく、見たい番組から考えるのがいいでしょう。

テレビは、基本的に全く見なくてもなにも困ることはありません。世の中のことは、新聞やネットニュースを見ればわかります。自分が興味あるものしか見ない傾向になりがちなネットニュースではなく、大きな紙面を広げてタイトルの文字の大きさにつられて思わず読んでしまう新聞の方がおすすめです。

大学入学共通テストになって日本語の読解力がかなり必要になってきていますから、毎日短い記事を15分でも読むことは実は読解力獲得に非常に便利です。1日15分というのは短そうですが、4日では1時間になりますからかなりの文章を知らず知らずのうちに読んでいることになります。

テレビの話に戻しますと、毎日1日どのくらい見せるのか？　ではなく、見たい番組から考えるのがいいでしょう。そもそも、月曜日から金曜日はそこまで見る時間はないでしょうから、土曜日と日曜日に録画していた番組とその日の番組を見るということが見過ぎないことに繋がります。テレビというものは、つけるのは簡単なのですが、消すのには結構勇気がいるのですよね。つけっぱなしにしておくと、家の中にテレビの音がいつも流れている状態になりますから勉強をしようという気にはなりませんよね。何となく、いつもテレビがついていて、という状態は避けるべきです。そのような**受け身の視聴では時間を無駄にすることにしかなりません。**やはり、テレビは番組を厳選して利用するというスタンスでいくのがいいと思います。

51

Q 共働きでシッターさんに手伝ってもらうことが多くなっています。どんなことに注意すればいいのでしょうか？

A まずは「安全」。子どもの命が何よりも大切と迷わず考えるべき。

なんといっても、子どもの安全です。シッターさんに全面的に子どもを預けるわけですから、心から信頼できるかということが何よりも優先する事項でしょう。預けられた子どもは、大人になされるがままですから、少しでも信頼できないことがあるときは断ることです。その時に、お母さんは誰かに預けないと仕事ができない、ということがまず頭に浮かび多少のことは目をつぶって、子どもの安全を仕事の次に考えがちです。それは、母親として失格です。目の前の我が子を守れなくて何の仕事が成り立つのでしょうか？

もちろん、経済的なことやお母さんの生きがいなどの問題も大きいのですが、**子どもの命が最優先ですのでそこから考えてほしいと思います。**お母さんの人生の中で子育てをするのは、実はそこまで長い期間ではないのですが、でもお母さんが若くて綺麗で仕事に脂《あぶら》が乗ってきている時期に、子育てに時間も手間もかけないといけないのはジレンマを感じるかと思います。でも、1日が24時間しかないのはずっと変わらないので、その時間をどのようなバランスで使うのかは自分なりに考えるしかありません。子どもの命が何よりも大切と迷わず考えることができるかどうかでしょうね。子育てはなんといっても「命」を預かっているのですから、少しの気の緩みでも許されません。

信頼できるシッターさんにお願いできるとしても、**どのように見てほしいのか親の希望を具体的に伝えることは大事です。**子どものアレルギーは必ず詳細に説明すること、子どもの性格、扱い方、好きなおもちゃ、絵本、幼児教育のやり方などははっきり文書化して渡しておくと安心です。シッターさんも独自のやり方になりがちなので、そこのところははっきり頼むこと。**子どもを中心に、親とシッターさんとの信頼関係を築くことが子どもの幸せにつながります。**

52

Q あまり口うるさく叱りたくありません。自分で気づいてくれるようにするにはどうすればいいでしょうか？

A 言いたくなることが10個あったら8個は飲み込みましょう。

「口うるさく叱りたくない」ということですが、確かにいつも口うるさく叱ると家の中の雰囲気は悪くなるし、同じような叱り方は子どももうるさいなと思うだけで効果は薄れるでしょうね。そうなると、誰のためにもならないし、そればかりかみんなの気持ちが暗くなってしまいます。**子どもが「自分で気づいてくれる」ことを望みその時期が来るのを待っているようですが、残念ながらそのような時期は、まだずっとあとだと思います。**子どもが、大人になって親のことを客観的に見られるようになってからでしょう。

「口うるさく」言いたくなる時は、どのような場合かというと、「何度言っても言うことを聞かない、同じことを言わざるを得ない、反抗した態度を取る、やるべき勉強になかなか取り掛からない」というような感じでしょうか。そもそも、**子育てというのは、子どもが「自ら気がついて動く」ことができる大人に育て上げることが目標です**から、それには時間がかかるということです。だから、子ども自ら気がつくには相当な時間がかかると親が腹を括ることですよ。

人は子どもに限らず、「口うるさく」言われてもやる気にはならないものなので口うるさい言い方はやめたほうがいいです。親も子どもにうるさく言いたくなることは多いのですが、**10個あったら8個は飲み込みませんか？** 全部言ってもそこまで効果はないし、家庭の雰囲気は悪くなるので、8個飲み込んで、子どもが大きくなるのを待ちましょう。

53

Q

悪いことをした子をきつく叱ってしまいます。どうすればいいのでしょうか？

A

子どもを叱る前に、一度心の中でどのような言葉をかけるか考えてみましょう。

どの程度「悪い」のか、どの程度「きつい」叱り方をしたのか、が問題ですけどね。何事もどこら辺に一線を引くかということが重要です。

その一線は親の常識、倫理観、経験、などが影響してきますので、親の思考も常にアップデートするべきで、いつまでも自分の子ども時代の基準を引きずらないことです。

言い方としては、目の前にいる悪いことをしてしまったとしょんぼりしている子どもの傷に塩を塗り込むようなことは避けることです。子どもが反省して前向きに生きていける言葉を選ぶことが大事です。ときどき、**次にはどのような言葉をかけたらいいかなと**

考えるといいですね。感情のままに口にする言葉は、大体子どもを傷つけて子どもの向上心を潰すし、親子の信頼関係にヒビを入れてしまいますから、細心の注意が必要です。親という立場からものを言わないこと。**親子でも、一人の人間同士として向き合うこと。**

子育てってなかなか難しいですよね。親の生き様がもろに反映されますので、親自身も内省しながら生きていくということでしょうか。たとえ、2歳の子どもからでも学ぶことは多いのです。子どもは体が小さいだけでしっかりとした人間ですから、甘くみたら、子どもは親であろうと足元を見て評価を下します。**子どもは、なかなか侮《あなど》れませんよ。**

54

Q 子育てには、「しつけ」が大事だと聞きます。最も重要な「しつけ」とはなんでしょうか？

A 食事のマナーなど、親しかできない「しつけ」があります。

最も重要な「しつけ」とは、親しかできない「しつけ」です。子どもは、大きくなったら大人になり家を出て行きます。外の世界で生きていくことになりますが、その時に他人から「え〜！」と思われないようにしつけないといけません。親がするべきしつけをしていないと、他人は不快に感じ顔をしかめるものの、あなたの子どもに注意はしてくれません。だから、子ども本人は一生気がつかず、勇気ある人に言われても親に言われるのとは違って、恥ずかしさが先に立ってしまいます。しかも、もっとタチの悪いことに注意されたあなたの子どもは、注意した人を「なんでそんなことをわざわざ言うのだろう」などと思い、人前で恥をかかされたと恨んだりするのですよね。注意した人も言いたくないけど、その人のことを思って言ったのに、筋違いの恨みを買うという損な役回りをしてしまうことになるのですよね。

親がするべき「しつけ」は、

(1) 食事のマナー（食べるときに音を立てない。姿勢良く座る。お箸の持ち方）
(2) ドア、障子、襖の開け閉めの時、静かにして音を立てない
(3) 鉛筆の持ち方
(4) 挨拶
(5) 目上の人に対する話し方
(6) 敬語

このようなことは、親が根気よくしつけるということです。子どもは一度では覚えられないし、身につけることは時間がかかります。しかし、大人になったらもう永遠に矯正することはできませんから、なるべく小さな時から気をつけることです。例えば、お箸の持ち方などは食事中に直さざるを得ないので、当然食事中に厳しいことを言わなければなりません。せっかく楽しく食べている時に、注意するのは楽しい雰囲気に水をさ

すので、**つい親は躊躇《ちゅうちょ》しますがそのときには親しかできないのだということを思い出すことです。**

私が子どもの時、食事中の食べる音のことを父から注意されたのを思い出します。その時、「お父さんの目が黒いうちに直しなさい」と言われ、その迫力にすぐに直したのを覚えています。やはり、「しつけ」に関して親は大きな責任を担っています。きちんとしつけられた人間は、社会に出てより円滑な人間関係を築けるのではないでしょうか。

55

Q **普段からテレビのニュースを見せるようにした方がいいのでしょうか。気にせずアニメなど見たいものを見せてもいいのでしょうか？**

A **怖いのは延々とテレビを見ること。ルールを作って守りましょう。**

テレビのュースの内容は、自分の生きている時代がどのような状況なのかを把握しておくのに役立ちますから、見せることはいいと思います。これからの未来をどのように考えるのかは、過去と現在を知っておく必要がありますし、**今の受験は大学入学共通テストをはじめ、高校入試も時事問題が各科目で出題されますから最新のニュースをおさえておくことはいいことだと思います。**

アニメですが、子どもが大きくなって子ども時代に流行ったアニメを懐かしく思い出すのは、大人になっても癒しになったりします。子どもが子どもらしい気持ちを持っている時に、アニメは見せてあげたいと思いますよね。ニュースもアニメも見ることは、メリットも多いのでおすすめしたいところですが、なんでもデメリットはあります。**大きなデメリットは、どちらもテレビで見るのでテレビ視聴の時間が長くなるということです。**ニュースとアニメを見たらすぐにテレビを切ることができないことが多いのです。ずっと、つけっぱなしにする恐れはあり、ニュース、アニメ以外の番組が次々と映りますから、ずっと見てしまい宿題ができないということになりかねません。ニュースは時事問題の把握、アニメは子どもの娯楽と思い出に役立つが、反面、テレビの視聴時間の扱いが難しいということです。「いつまで見ているの！」と怒ることにならないように、**見ていいニュースを1番組、アニメは厳選して一つか二つにすることでしょうか？**

小学校の低学年になったらニュース番組は新聞にかえることができますし、新聞の記事を毎日読むと知らず知らずのうちに読解力もつきますからおすすめです。テレビは、アニメだけ、ということにするのもいいかもしれません。

56

Q これだけはやってはいけない、という叱り方があれば教えてください。

A もっともやってはいけないのは「比較」することです。

「叱ること」について主な項目を並べてみましょう。思い当たることはありませんか？

(1) 比較する
・点数を友達と比べる
・点数をきょうだいと比べて文句を言う
・お稽古事の進み具合を、周りの子と比べる
(2) 親の期待に反した結果だという理由で叱る
(3) 事の成り行きも聞かずに初めから叱る

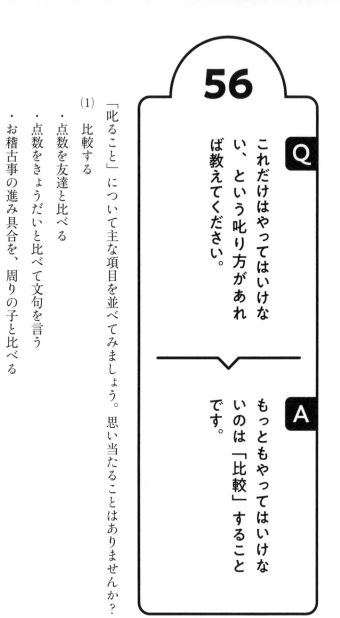

（4）子どもが泣いている時、泣いている理由を聞かず泣くという行為を叱る
（5）子どもの欠点をあげつらって叱る

（1）が最重要です。とにかく、**子育てで「比較」し始めたらキリがありません。**子どもに関係するもので比較しがちな事項は山ほどあります。生まれてからは、身長、体重、発達の早い遅い、オムツの取れる時期、幼児教育の進み具合、運動会での徒競走の順位、食べ物の好き嫌い、字の上手下手、学校で積極的に手を挙げるか、スイミングスクールの上達具合、ピアノ教室で弾いている曲、テストの点数、塾のクラス分け、塾の順位、学校のテスト、通知表、などなど。申し上げておきましょう。**「子育てでは、比べ始めると親は地獄に落ちる」**ということです。比べていいことは何一つありません。しかし、「何事においても絶対に比べない」ことは、親にとって非常に難しく、「つい」してしまいがちなので、「比較する」という概念を親の頭の中から追放することです。

（2）〜（5）は、親が自分の気持ちを優先していることから生じていますから、**このようなことをしそうになったら、深呼吸を。**あなたが子どもの時のことを考えてみてください。理不尽な叱り方をされて、憤慨したり寂しくなったりしたことはありませんでしたか？自分の子どもに同じ思いをさせないことも親の役目です。

57

Q

どうすればくじけない、なかなか諦めないような子どもに育つのでしょうか？

A

子どもに寄り添って、できない原因を探して一緒に歩んでいくことを目指しましょう。

この質問には、「親の欲」と「勝手な希望」と「子育てに対する図々しさ」が透けて見えます。「くじけない」といいますが、お父さんやお母さんは、今までの人生でくじけたことはないのですか？　あるでしょ？　人生はいろいろあるから、挫折することも、がっかりしてすぐには立ち直れないこともあります。でも、結局、気を取り直して元気に前を向いて生きていかなければならないのです。しかし、落ち込んでいる時に、人間は深く考えますからマイナスなことだけではありません。

親は子どもを「くじけないように」育てるのではなく、「くじけても」立ち直れるよ

うに育てることです。「なかなか諦めない」子どもがお望みのようですが、それって、親が子どもにしてもらいたいものを「諦めない」でほしいということですよね。つまり、「テストの点数が悪かったが、諦めずに頑張って次のテストに向けて勉強してほしい」「スイミングスクールのクラスが上がるテストに不合格だったけど、やめるなんて言わずに頑張って続けてほしい」などなど。では、これはどうでしょうか？「サッカークラブでレギュラーになれなかったので、もっと頑張って次はレギュラーになりたいから塾をやめたい」「自分はミュージシャンになる夢を諦められない。だからもう高校はやめる」という場合はどうですか？　同じ「諦めない」でも親が望んでいないことは、「諦めてほしい」のではないですか？　要するに「くじけずに勉強して、悪い点数をとっても諦めずに勉強する子」がほしいのですよね。そんなに親に都合よくはいきません。どんなことがあっても、「くじけた子ども」に寄り添って、諦めてしまいそうな子どもの**できない原因を探して一緒に歩んでいくことを目指してあげてほしいと思います。**

しかし、子どもの時に病気やけがをして、長期間療養しないといけない場合もあります。その時には、**「生きることと元気になること」**を**「絶対にくじけず」「決して諦めない」**で治療することを応援してください。

58

Q 私自身が生活の中で感じた愚痴や、職場での不満を子どもに話してもいいのでしょうか？

A 親が「愚痴と不満」を子どもに聞かせるのは、NGです。

子どもは、お母さんの愚痴や不満は聞きたくないでしょうね。そもそも、**ご近所、親戚、ママ友、職場の話などには子どもはほとんど興味はないのです。**話の内容は、大人の世界の出来事なので子どもは理解できないことばかりですしね。あいづちの打ちようもないし、ましてや返答に困ると思いますよ。中高生になったら、多少わかってくれますが、やはり答えに困るのは同じです。子どもは、お母さんの様子を見ながら、お母さんに理解を示そうとしながら「そんなことを僕に言われてもな」と心の中で思っています。愚痴や不満を話す時には、相手に話を聞いてもらいたいし、その後には同調してもらいたいのですから、下手に「お母さんが間違っている」という返事でもしようものなら、喧嘩になってしまいます。

愚痴と不満は、感情的になりがちな出来事が元になっていますから、扱いが面倒なのです。ということは、**大人でもややこしいと思う「愚痴と不満」を子どもに聞かせるのは、やはりNGですよね。**お母さんの心の中のことは、仲のいいママ友や職場の友人などにランチの時に軽く話してみるのはどうですか？　同じような立場の女性だったら、理解してくれることもあります。しかし、何といっても他人の「愚痴と不満」を長々と聞かされるのは、苦痛で耐え難く時間の浪費と思ってしまう人の割合はかなり高いことをお忘れなく。

「愚痴と不満」をうじうじと言うのは、言ってしまった後、本人はスッキリしますが、聞かされる方はストレスが溜まりますから、親子はもちろん友人、知人でも気をつける必要があります。しかし、「ネガティブなことはあまり話さない方がいいのか」とのことについては、たまには話してもいいのではないでしょうか。世の中の裏の暗い部分も多少子どもに知らせておくのもありですね。どの程度の話をするのかは、子どもの様子を見ながら、決めてください。

59

Q どうしたら思いやりのある、優しい子に育つでしょうか？

A 親が自らの態度で示しましょう。それを見た子どもが「思いやりと優しさ」を学びます。

親が思いやりのある、優しい人になれば、子どもも同じように育ちます。人に対する「思いやり」と「優しさ」は、どんなに言葉を尽くしても説明できません。親が自らの態度で示し、それを見た子どもがその時の親の雰囲気、行動、言葉から、「思いやりと優しさ」とは何か？　どのようなものなのか？　を学ぶのです。

自分の子どもが「思いやりもなく優しくもなかったら」お父さんもお母さんも自らを振り返る必要がありますね。

人間の精神的なものを育てるのは、実はほんの小さな現実なのです。駅で乗る電車に迷っている人から尋ねられたら、丁寧に親切に説明する。階段を重そうな荷物を持って上がっている人がいたら、**「お手伝いしましょう」と声を掛ける。**仕事で落ち込んでいる人には、声を掛けないでそっとしておく。ほんのちょっとしたことにも、「ありがとう」という。友人から相談された時、忙しいけどその素振りは見せずにじっくり聞いてあげる。などなど学べる場面はそこらじゅうにあります。

いつも一歩踏み込んで相手を手伝おうとするのではなく、一歩離れて見守ることは、実はなかなかできない難度の高い思いやりと優しさなのです。忘れてはいけないことは、自分の気持ちを押し付けないこと、自己満足に陥らないこと、常に相手の幸せを最優先に考えることです。

わざわざするのではなく何となくできてはじめて、本物の思いやりと優しさであり、そのことは人間として年齢や立場に関係なく生きていく上で最重要の事項となります。

60

Q **4歳の息子に落ち着きがありません。注意するようにした方がいいのでしょうか?**

A **4歳は「落ち着きがない」年齢ですが、気になる場合は専門家による診察を。**

「落ち着きがない」の、程度が問題ですね。**4歳は、基本的に落ち着きがない年齢です。**

(1) 何かを見つけたら、すぐに走り出す。
(2) 幼児教育のプリント類を椅子に座ってできない。
(3) 親の話を聞かない。
(4) 幼稚園、保育園で先生から「落ち着きがない」といつも言われる。
(5) 同じおもちゃで長くは遊べない。
(6) 絵本の読み聞かせを最後まで聞けない、など。

まだまだあるでしょうが、気になる主なケースはこんな感じでしょうか。

(1)の場合、子どもは自分の興味だけで行動しますから、注意はせずに後ろを「待って、待って」と言いながら全速力で追いかけてください。逃げる姿はかわいいですよ。子どもは、東の方に走って行ったと思ったら、くるりと踵《きびす》を返して正反対の西の方に走ったりします。道路への飛び出し、坂道の下りのときに走ると頭から転びますから要注意、この時には顔からいきますから、結構な怪我をしてしまうので危険です。子どもは、坂道の下りは自分の実力以上に足が前に出て速く走れるので大喜びなのですが、加速度がついて予想以上の速さで足が前に出てしまいますから大怪我につながります。我が家でも坂道を見ると「わぁ〜」と言いながら走り下りていたので、私は「坂は走らない！！！」と後ろから叫びながら追いかけていました。子どもって坂道の下りのとき、なぜ楽しそうに走りながら「わぁ〜きゃぁ〜」と大騒ぎするのでしょうね？

(2)は、5分から習慣づけする。

(3)は、普通。

(4)は、気にしない。先生には、「いつもご迷惑をおかけします」と頭を下げる。

(5)は、そもそもあと2年もたつと、おもちゃには興味がなくなる。

(6)は、面白い絵本なら最後まで聞くから、子どものお気に入りを見つける。

「落ち着きがない」ことと共に、「名前を呼んでも振り向かない」「言葉が少ない」など気になる場合、学習障害の傾向があるかもしれませんので専門家による診察を受けて、専門的な指導をしてあげてください。

61

Q **子どもにはスマホを禁止しています。親である私も子の前ではスマホを触らない方がいいのでしょうか？**

A **子どもの前でスマホを使うけれども子どもには触らせないという方法を考えるべき。**

これは、思った以上に難しい問題です。

今の時代、親こそスマホなしの生活はできないからです。**例えば、子どもにスマホを禁止しているから、子どもが起きているときには親もスマホは使わないと決めます。**でも、庭の花、自分の料理、景色、外食の料理、学校の行事などは写真を撮ってスマホに残したいと思いますよね。何といっても、日々子どもは大きくなるし、かわいい仕草などはぜひスマホでどんどん写真に撮りたいところです。少し前には、いちいちデジカメで撮っていましたけど、今のスマホはカメラ機能がありますから、すぐに子どもの写真を撮れるので便利です。ビデオも撮れますから、ビデオカメラもいらないということでスマホはこれ以上ない優れものということです。

私の子育ての時には、多種の機能搭載の現代のスマホはなかったので、私も子どもの写真やビデオを撮りたい時には、カメラとビデオカメラをわざわざ出さなければならず、本当に面倒でした。今は即座にスマホを使えばいいのですから羨ましいですね。しかし、子どもが「今撮った写真を見せて。ビデオを見せて」というのはまちがいありません。そうなると、子どもに見せないわけにはいかず、見せると、その他の機能も使わせてとなり、YouTube の罠に陥るということです。今のスマホの便利さがアダとなるわけです。となると、「子どもの前でスマホを触らない」ということは非現実的ですね。**子どもの前でスマホを使うけど、子どもには触らせないという方法を考えるべきでしょう。**

(1) 子ども専用のスマホは買わない。
(2) 親がスマホを触る時間を極力少なくする。
(3) 写真、ビデオはいい思い出になるからしっかり撮る。
(4) 撮った写真とビデオは子どもには見せるが、子どもに渡したままにしない、親子で一緒に見て見終わったらすぐにスマホはしまう。

(5) 子どもから「ママのスマホを貸して」と言われても貸さない。バスや電車の乗車中によく貸す傾向にあり、気をつける。

今の時代は、スマホの扱いが子どもの人生を決めるといっても過言ではありません。スマホを前にして覚悟を決める必要がありそうです。私が子育てをしている時にここまでスマホが発達していなくて良かった〜と、密かに胸を撫で下ろすくらい今の子育ては大変です。

62

Q

親の子どもへの接し方が変わるタイミングはありますか？　その場合どうしたらいいのか教えてください。

A

私の場合は中学生からでした。「子どもの成長を喜び、離れて見守る」ことを覚悟。

私の経験からですと、中学生からのような感じでした。我が家の子どもたちは生まれたときから、私を「ママ」、主人を「お父さん」と呼んでいました。その呼び方は、長男が生まれるときに私が決めました。母親は非常に身近な存在なので一番言い易い発音で言える「ママ」、主人は考え方がよく言えば古風なので（悪く言えば時代遅れなところがある）「パパ」は合わないので「お父さん」と呼ぶことに私が独断で決めました。一応主人も了解しました。ということで、ずっと「ママ」「お父さん」だったのに、中学校に入った途端、長男は「ママ↓お母さん」「お父さん↓親父《おやじ》」に、次男は「ママ↓

母さん」「お父さん↓親父」、三男は「ママ↓母上↓マザー（中高生の間に2回変化）」「お父さん↓親父」、長女は「ママ」「お父さん」でずっと変わらず。長男が小学校高学年になったときに、私自身も「いつまでもママはないだろう」と思っていましたが、かといって良い代替案は思い浮かばなかったのでそのままにしていたのです。そしたら、中学生になった長男がいきなり何の説明もなく「お母さん」と言うようになってちょっと驚きましたが、理由はいまだに聞かずじまい。

中学生になって、周りの友達の様子を見て空気を読んだのか、何か言われたのか、それは謎ということにして、尋ねることはやめました。でも、「ママ」を自ら変えたということに、「大きくなったんだな」と思いました。その時から、高校生、大学生、社会人と私は一歩一歩後ろに離れていったように思います。寂しくないかと聞かれれば寂しい気持ちもありますが、でも成長した子どもたちを後ろからずっと見守りながら老いていくのが親の役目ですから、「まあ、これでいいかな」と思いましたよ。

ご質問のお答えですが、**「子どもの成長を喜び、離れて見守る」ことを覚悟することですね。**でも、やっと親は自分の時間を取り戻せるようになりますから、自分の人生を楽しく生きることを考えましょう。

100の習慣

63 ＞ 91

第三章

周囲との環境の違いについての悩みに答える

63

Q 都心での子育てであまり運動させることができません。

A 体操教室、スイミングスクール、など運動系のお稽古事を探してみませんか？

今では、都心でなくてもかなりの田舎でないと子どもが走り回って遊べるということはできません。子どもにはきちんとしたプログラムのもとに運動するということも大事ですが、ただの遊びで走り回るという運動も不可欠です。子どもには、勉強ばかりさせると問題集も進むから効率がいいと思うのが親ですが、実は「勉強ばかり」ということはかなり非効率なのです。子どもは、日々成長していますから、やはり体を動かすことが最重要となります。

運動に使った時間の分勉強時間が少なくなりますが、勉強は長い時間をすればいいのではありません。運動をして時間は減ったけど、少なくなった時間の中で集中して勉強した方が子どもは生き生きと学びます。運動させる場所がなかなか見つかりませんが、**体操教室、スイミングスクール、など運動系のお稽古事を探してみませんか？** 多少の費用がかかるのが難点ですが、健やかな子どもの成長のためにぜひ体を動かすことを大切にしてください。そのようなお稽古事も、塾などで忙しいと行けませんから、親子で散歩もいいと思いますよ。20分くらいでもＯＫです。

64

Q 今は夫婦共働きなのですが、子どもが小学校に上がるタイミングで仕事をやめるべきか悩んでいます。

A 仕事と子育てというのは母親の生き方の永遠のテーマ。何を優先するかを考えましょう。

小学校から本格的に勉強も始まるので、仕事をやめてサポートしなければ、と考えられたということですね。端的に言えば、やめられる仕事ならやめた方がいいかもしれません。**中学受験をする予定でしたら、仕事がない方がサポートしやすいし子どもも安心して受験に向き合えると思います。**いろいろと事情はあるかと思いますが、一番子どもが母親にそばにいて欲しいのは6歳までです。その次が小6まで。その次が中3まで。その次が高3まで。要するに、年齢が上がれば上がるほど母親はそこまで必要ではなくなるということです。そうはいっても、お母さんの仕事の内容が一段落するのがちょうどいいタイミングとはいかないのが難しいです。

小学校はこれから始まる12年間の学校生活の基礎になりますから、やめることができ、きていますし、**お母さんが後悔しないのならやめた方がいいと思います。**仕事をしている女性は増えてきていますし、**仕事と子育てというのは、母親の生き方の永遠のテーマとなっています。**

100年間の寿命として、どの年齢で何を重要とするのか、何を優先して何を諦めるか、を個人的に考えることに尽きます。人それぞれ考え方が違いますから、他人の生き方はそこまで参考になりません。人生の決断をする時には、「後悔したくない、納得いく人生を生きたい」と思ってしまうので延々と悩みますが、多少の後悔と納得いかないことは覚悟しなければなりません。**生きていく方向を決めたら、迷うことなくひたすら進むことです。**

仕事をしていると、子育てに使う時間がたっぷりある専業主婦がうらやましい。専業主婦は、子育てが終わっても続けてきた仕事を持つ働くお母さんがうらやましい。どちらも、その立場を選んだことで、「得たもの」「失ったもの」があるということです。生きていくのは、本当に難しいということを少し引いた目で楽しみながら、試行錯誤をしてください。

65

Q 子どもは片付けが苦手で、子ども部屋がすぐ散らかってしまいます。どうすればいいでしょうか?

A 部屋が散らかっていたら、親が子どもと一緒に片付けてあげましょう。

私は、子どもに「片付けなさい」と言ったことはないのです。子どもが小さなときには、遊ぶだけ遊ばせて片付けるのは私がしていました。もう少し大きくなって勉強した後も、たいていは私が片付けていました。子どもも中高生になると自分のノートやテキストはそれなりに一箇所にまとめて次に困らないようにはしていました。遊びも勉強も、終わった後に片付けることを常に頭に置いていると、良いパフォーマンスはできないと私は思っています。

おもちゃに囲まれて夢の国の住人のように夢中で遊んでいる子どもに「それがすんだ

ら、片付けなさいよ」とはとても言えなかったのです。片付けるとなると、子どもの小さな手で片付けるより大人が大きな手でさっさとすませた方が圧倒的に早いのですから、片付けてあげて欲しいなあと思います。モデルルームのように何も散らかっていない綺麗に片付いている部屋は気持ちいいものですが、**人間は思考し始めると周りは散らかるものなのです。**深く考えれば考えるほど資料、ノート、テキスト、メモ用紙、筆記用具などは必要ですから、それは散らかりますよね。

子ども部屋の散らかり様ですが、足の踏み場もないというようでしたら、それは健康を害しますから子どもと一緒に片付けましょう。一緒でないと、片付けがすんだ後「あれがない、これがない」ということになりかねませんから、ぜひご一緒に。我が家は私が片付けをほとんどやっていましたが、子どもたちはみんな大学に入って綺麗に整理整頓して暮らしていました。不思議なものですね。必要に応じて自分の生活は何とかしますから、**親元にいる18歳まではは片付けてあげるといいと思います。**

66

Q

子どもが塾に通い、夫の帰りも遅いため、なかなか家族そろってのご飯となりません。どう考えればいいでしょうか？

A

遅い子に合わせずに、食事の時間は決めておいて間に合う人のみで食事をすること。

我が家も、家族そろっての食事は、日曜日だけでした。しかも、子どもたちが受験生になったときに、日曜日に大事な模試があったりしてその子だけ食事は遅くなるということもよくありました。今は特に家族そろってというのは難しい時代になりましたね。何といっても、昔より子どもたちが塾や習い事で忙しいですから仕方ないです。**「そろって」ということを重視して、食事の時間を遅い子に合わせて、他の子を待たせるというのはよくないと思います。**他の子もすることがありますから、食事はさっさとすませたらいいですよ。食事の時間は決めておいて間に合う人のみで食事をする、ということですね。

我が家は、リビングを勉強部屋にしていて、しかも食事もリビングでするし、リビングの隣は仕切りなしでキッチンになっています。塾から遅く帰ってきた子はリビングの真ん中で食事をしますが、少し離れたところの勉強机では他のきょうだいが勉強していますから、「孤食」にはなりませんでした。一人で食べている子を見て、「僕もまた少し食べたい」といって並んで食べていました。サザエさん一家のように、家族全員がそろってその日の出来事を話しながら食事をするというのは、美しい光景ですが、**よそのうちの食事風景をお手本にする必要はありませんね。**全員がそろわなくても、いいと思いますが、例えば子ども一人で遅い食事をしている時に、お母さんが「食べている間に、ママはお風呂に入ってくるわ」というのはやめましょう。それは、子どもが寂しいでしょ？　お母さんは食べないけどお茶を飲みながら、一人で食事中の子どもの横にいてあげてください。誰もいない部屋で一人での食事は砂を嚙むようなものになりますから。

67

Q 娘に友達があまり多くないのですがどうしたらいいでしょうか？

A 友達はたくさんいなくていいと思います。一人か二人いれば十分です。

あまり多くないということですから、全くいないということではないのですね。**友達は、一人もいないのは寂しくて困ったりしますが、たくさんいなくていいと思います。**一人か二人いたら十分です。学校生活の中での、人間関係は難しいことが多いです。特に、女の子はよく感情的にもめるということも聞きますね。グループができて、その中に入れてもらったり、追い出されたりして子どもながらに嫌な思いをしているという話もあります。でも、それはママ友でも同じようなもめごとがありますから、やれやれという感じです。

結局、人間関係は、大人も子どもも「深入りはしない」「誰かに寄り掛かりすぎない」「家の中の個人情報を話しすぎない」「受験の時は、成績、受験校などは相談しない」などが注意事項です。子育ては、助け合うことはありがたく大事なのですが、親切な人や気弱な人につい負担がいきがちなのです。もし、人から頼まれてできない時には、はっきりとできないということです。無理をすると結局仲は破綻して嫌な思い出しか残りません。**お母さん自身の人間関係の作り方を、子どもはよく見ているので、ほぼ似たような関係を作りがちです。**お子さんの場合ですが、少ない友達とべったりにならない程度に、仲良くしたらいいのではないでしょうか。今の友達とはかなりの確率でどこかで学校が分かれますし。一生の友達になることはほとんどありませんから、何かあってもそこまで悩まなくてもいいと話しておいてください。女の子は「私たち一生の友達でいようね」などということが多いのですが、そんなことは相当確率は低いから人間関係には深く悩まないことが快適に生きていくコツの一つです。

68

Q **ママ友の意見はどのくらい参考にすればいいのでしょうか？**

A **ママ友の意見は「話10分の1」くらいだけでいいと思います。**

人間は、たくさんの意見を聞いても、自分の意見を後押ししてくれる意見を無意識のうちに選ぶのですよね。要するに、自らの考えを追認して欲しいのです。人の意見を聞いて「うん！　そうそう、私もそう思うのよ」と言って欲しいというわけです。だから、目から鱗《うろこ》という経験はなかなかできるものではありません。**「話半分」という言葉がありますが、ママ友の意見は「話10分の1」くらい聞くだけでいいと思います。**

子育てに便利なグッズなどの情報は聞いておくと便利ですし、そのような情報に妙に詳しいママもいますよね。家庭生活のお悩み相談などは絶対にしないように。受験の相談も具体的な学校名などを出すのはタブー。でも、学校内での情報は知っていた方がいいので、たまにはランチをしてください。自分の子どもの学校での思いがけない様子などを知ることができます。受験での悩みは、塾の先生に相談する。家庭の中のもろもろのことを相談して危なくないのは実家の母親かな？　でも、世代の違う母親が相談相手として役に立つのかは、未知数だし、イラついて終わる場合も多いのです。

一番いいと思うのは、いろんな本を読むことです。かといって、本もしょせん人の意見なので、役に立つとは限らないのですが、ヒントをもらえたりはします。結局は、人生ってオリジナルなものだから、答えを人の意見の中から探すのではなく、本の中の人の意見からインスピレーションを得る、という感じが一番いいと思います。

69

Q 3世帯で暮らしているのですが、祖父母に子育てを手伝ってもらってもいいのでしょうか？

A 祖父母には、祖父母の人生が。常に感謝の気持ちを忘れないこと。

お母さんが仕事をしている場合は、以下のようにメリットとデメリットがあります。

【メリット】

・祖父母に預けるのは、保育園などにお願いするよりは安心（子どものアレルギー、好き嫌い、病気・ケガの対応、何といっても孫なので可愛がる）

・保育園や幼稚園の送迎を頼める

・仕事が長引いた時に、保育の延長などを気にかけなくていい

【デメリット】

・祖父母と教育、しつけに対する考え方の違い
・子どもが祖父母の方に懐《なつ》く
・祖父母の時間を奪うことになる

というようなことでしょうか？　祖父母に子どもの世話をお願いするのは、働くお母さんの場合が圧倒的に多いと思います。祖父母にも、いろいろな考えがあるし、残りの人生も少なくなってきていることもあるので、**押し付けるのは避けるべきだと思います。**お母さんの働く人生を充実させるために、祖父母を犠牲にすることになっていいのか？　祖父母も初めは孫可愛さに「いいよ」と気持ちよく引き受けたとしても、子どもは大きくなるに従って手がかからなくなる分、口答え、反抗する時期になると、祖父母も「今までの私たちの苦労は何だったの。今までの時間を返して」というようなことにもなりかねませんね。八方丸く収まるやり方を探る努力が必要で、祖父母、両親が遠慮なく話し合うことが大事でしょう。祖父母が母方か父方か、は最重要課題ですね。仕事をしていないお母さんも祖父母に手伝ってもらうのはありがたいですよね。

一方、お母さんが仕事をしていない場合について。

⑴預ける時間⑵食事のこと⑶幼児教育に対する考え⑷預ける期間（夏休みなどの長期

休暇はどうするか？）(5)祖父母が旅行・買い物などにいく場合など、家庭によって考える項目は数知れず。祖父母の好意を便利に使うのではなく、父親、母親、子ども、祖父、祖母みんなの人生を考えて、**みんなが少しずつ譲って子どもを見守るということでしょうか。**きれいごとでは収まらないと思います。祖父母が、「子どもの面倒を見るのは嫌だ」といった場合、決して恨まないこと。そもそも、子どもは両親が協力して育てるべきということは忘れないこと。祖父母には、祖父母の人生があるということ。子育ては、誰かの助けなしでは成り立たないので、常に感謝の気持ちは忘れないこと。

以上のことを考えて、祖父母に手伝ってもらうのはいいと思います。

70

Q

親である私自身がついつい冷凍食品ですませてしまったりと甘えてしまうこともあります。これは、よくないことでしょうか？

A

冷凍食品のいいところと悪いところを考えてみましょう。

いいか悪いかという問題で考えない方がいいと思います。冷凍食品を使うことを「甘えて」と書かれていますから、後ろめたいと思われているのでしょう。今も家庭での食事は「手作りで」という考えが根強いですからね。

それでは、**冷凍食品のいいところと悪いところを考えてみましょう。**

【いいところ】

・手間がかからない

・調理がレンジのみで簡単

・値段が安い
・たくさん買っても保存ができる
・調理しなくていいから、台所が汚れない
・食べたくなったらすぐできる
・いつ食べても同じ味

【悪いところ】
・親が調理している様子を見せられない
・添加物が心配
・作る過程が人任せ
・手抜き感が半端ではない
・お母さんの味とは言えない
・ラクなので、やめようと思ってもつい使ってしまう

家庭での食事は、「家族の健康を作る」「家族みんなで食事をする」「家庭の味を思い出にする」というようなことに役に立つという感じです。私は、忙しいお母さんに「なるべく手作りを」といって追い詰めることはしたくありません。**お母さんの生活の中で**

冷凍食品を使った方が気も体もラクになるのなら、上手に使ったらいいと思います。その時には、罪悪感はなしで堂々と使ってください。

そして、子育てに少し手間がかからなくなったら、お母さんのお手製の料理を増やしてあげてほしいなと思います。冷凍食品は、会社が作って売っているので味が一定です。それが美味しくていいところでもあるのですが、「お袋の味」とは言えません。子どもが大きくなって何か辛いことに出合った時、何となくお母さんの味を口にしただけで元気が出たという話は意外と多いのです。「お袋の味」というのは、お母さんだけしか作れない世界中で一つの味なのです。食べ物の味というのは、舌で感じた味だけではなく、お母さんがそれを作る時のにおい、その時のお母さんの様子、声、話したこと、作る途中させてもらったつまみ食い、など思い出は複雑なのです。冷凍食品では、そうはいきません。人間が一生の間に食事をする回数は、かなりあるので大事にしたいものだと思います。

71

Q
どういう遊びを一緒にしてあげればいいのでしょうか？

A
6歳まではごっこ遊び。小学生になると今までできなかったものができます。

6歳までは、おもちゃを使ってのごっこ遊び、トランプ、カルタ、カード類、ボードゲーム、オセロ、将棋、囲碁、外遊びなどです。

小学生以上も、同じようなことです。さすがに、ごっこ遊びはしないと思いますが。**子どもは、体が大きくなるので、キャッチボール、自転車乗りの練習、プール、竹馬、縄跳び、なども一緒にできますね。**動きが大きくなって、今までできなかったものができるようになります。プールにも、一緒にいくのも楽しいですよね。せっかくですから、春夏秋冬を意識して遊びましょう。春には、お弁当を持ってお花見、桜はあちらこちらにありますから桜を探して散歩。夏は、花火、かき氷、プール、水遊び。秋は、紅葉した葉っぱ集め、どんぐりを集めて工作。冬は、地域によって違いますが、スキー・スケートはハードルが高いから暖かい家の中でお料理しませんか？　子どもに作りやすいのは、パン、うどん、ギョウザ、カレー、シチューなどで、親が手伝えばそこまで危なくないのでおすすめです。

一緒にちゃんとした遊びを、と思うとなかなか思いつかないのですが、**お母さんの家事を手伝うのも子どもにはとっても楽しい遊びとなります。**いつでも工作ができるように、ラップの芯、牛乳パック、ペットボトル、凧糸《たこいと》、マジック、セロテープ、ガムテープ、折り紙などはためておくといいですよ。材料が足りないと盛り上がりませんから、下準備は大事です。

72

Q 習い事などがあまり長続きしません。どう考えればいいでしょうか？

A 続けられそうなものを3つくらい。子どもによって体力が違うので無理をしないように。

習い事をどの程度まで、どの期間続けるのかは、まず親が決めておいた方がいいです。習い事を勉強より優先させてそれを仕事にして一生生きていく、という場合は極めて確率が低いので、**いわば習い事というのは、「楽しい思い出」になったらいいなぐらいに考えるといいと思います。**だから、長続きしないとそこまで思い悩むことはないと思いますよ。習い事は気が進まないけど、家にいるのが大好き、本を読むのが気に入っているなど、おうちが大好きという傾向の子も多いですから。

でも、子どもは嫌で嫌でやめたかったけど、親がうるさいので仕方なく続けた習い事が、大人になって一生の趣味になって、何十年も後に「やらせてくれた親に感謝している」とお話しされる人もいますから、「続ける」「やめさせる」の判断は難しいですね。習い事は何をしてもいいと思いますが、小学校からは学校生活が12年間続きますから、学校で役に立ちそうなものはすぐにやめないで、そこそこものにして欲しいと思います。学校生活に必要なものは、水泳、楽器を一つ、体操教室、そろばん、幼児教室というような感じでしょうか？ **全てではなく、続けられそうなものを3つくらいが適当です。**

子どもによって、体力も違いますから、無理をしないようにすることと、泣き叫ぶ子どもを習い事に引きずって連れていくということは、ゆめゆめしないように。

73

Q　どのくらい家事手伝いをさせるべきなのかわかりません。

A　基本的に親の都合で子どもに手伝わせることはやめましょう。

よくある家事手伝いは、子どもが遊んでいたり、寝転んでマンガを読んでいたり、リラックスしている時にお母さんが「ちょっと、これやって」「ちょっと、頼むわね」と声をかける場合です。それは、声をかけられた子どもには迷惑ですよね。自分がやっていることを中断して、お手伝いをさせられるわけですから。お手伝いというのは、自ら進んでするると気持ちのいいものですが、子どもの都合も考慮せず一方的にお母さんの都合で動かそうとされてもちょっとムッとします。でも、相手がお母さんだから、渋々手伝うということになります。

例えば、カレーを作るお手伝いをさせるときに、「カレーの作り方とはどういうものか。ポイントは、どこなのか」ということが少しでもわかるようなお手伝いのさせ方をするべきなのです。**子どもの自由時間を親の勝手な都合で無駄に消費するのは、ダメだと思います。**自営業の家でしたら、子どもということは考慮せずきっちりと手伝わせるのもありですけどね。その時には、「手伝い」というような生ぬるいことではなくしっかり鍛えるということにしてもいいのではないでしょうか。

私は、基本的に私の都合で子どもに手伝わせるということは全くしませんでした。子どもの時間は、**子どもらしいことに使って欲しいと思ったのと、邪魔をしたくなかったからです。**でも、時々料理はお手伝いという形ではなく、一緒に作るということはしました。うちの子どもたちはみんな料理も片付けも好きなようですから、まあ、あれでよかったのかなと思っています。

74

Q

うちの子には特に好きなことや打ち込むことがないようです。もっといろいろなことを経験させるようにした方がいいでしょうか？

A

人それぞれ、ありのままの子どもの様子を見守ってあげてください。

子どもに好きなことや打ち込むものがあって、毎日楽しそうに熱心にやっている様子を見るのは親として何だかホッとします。でも、特に好きなことや打ち込めることがない子も多いので、心配することはありません。**人それぞれですから、ありのままの子どもの様子を見守ってあげてください。**いろいろなことを経験させるのはいいことなのですが、小さな子どもはそこまで覚えていませんので、無理をしてあちらこちら行かなくても大丈夫ですよ。無理をすると、子どももお母さんもお父さんも疲れますから、もう少し大きくなってからにするといいです。

我が家も子どもが小さな時に旅行などには行きましたが、それぞれの子どもに聞いてみると2歳くらいまでのことは覚えていないようですね。親としては、小さな子どもたちを連れての移動は大変だったのですが、その時の子どもたちの様子はすごく可愛かったことは忘れられません。親としてはいい思い出になります。子どもは何に興味を持つのかわかりませんから、いろいろとジャンルを考えずに親子で楽しんだらいいと思いますよ。とにかく**親子で楽しめるのが一番、子どもが単独で興味を持ったら精一杯応援してください**。小学生になると、親は勉強の方が気になり始めますので、勉強と何にも関係ないものに打ち込むと気になって注意してしまうのですが、**小3までは温かく見守ってください**。中学受験をする予定なら小4からは、好きなものも打ち込んでいるものも封印しないとなりません。

75

Q 食べ物の好き嫌いが多いのですが、直した方がいいでしょうか?

A 直すのではなく、栄養素を別の形でとるか、別の食べ物で摂取してみては?

結論からお話しすれば、直さなくていいと思います。

例えば、ピーマンが嫌いとします。このとき、「好き嫌いを直す」という立場に立つと、「ピーマンの味を何とかして好きにさせる」ということにこだわることになります。そうなると、親は何とか食べさせようとして、意地になることが多いのですがそのようなやり方が一番よくないです。子どもは、いろいろと嫌いなものがありますが、なぜでしょうね。理由はあるような、ないような感じですので、**無理強いするのはやめた方がいいですね。**

我が家の4人の子どもたちの嫌いなものは、長男がブロッコリー、次男がトマト、三男がマヨネーズとドレッシング、長女は目玉焼きのしろみの部分、なのです。共通して嫌いなものは、牛乳（次男は飲めるが、他の3人は飲めない）。同じように育てたのですけどね。長男は、小学校の給食でブロッコリーが出る時には、小1の頃は欠席していました。月初めに1ヶ月の給食のメニュー一覧表をいただくのですが、材料のところをチェックしてブロッコリーがある日には印をつけてお休みする日に決めていました。給食のブロッコリーのために学校に行かず朝からきょうだいと家で遊んでいるのを見ながら「こんなことでいいのかな～」と思っていましたけど。ブロッコリーで不登校になると大変だなと思ったので、担任の先生に相談したところ「ブロッコリーで不登校になったという話は聞いたことはありませんね～」ということで、給食のブロッコリーは食べなくていいということにしてくれました。しかし、今は、ブロッコリーのごま和えが大好きな長男です。あの欠席までしたのは何だったの？　という感じですが、**人間はブロッコリーを食べないと生きていけないということはないので、そんな大きな問題ではないと全く気にしていなかったし、**家で食べる練習をしようなんて全く考えませんでした。大人になった今は、次男はまだトマトは嫌い、三男もマヨネーズとドレッシングは嫌い

（これは、ハンバーガーを注文するときはややこしい）、長女は今は目玉焼きを全部食べます。

だから、**直そうという考えではなく、栄養素を別の形でとるか、別の食べ物で摂取するということにしたらいい**と思います。

76

Q 九九を覚えるのが少し周囲の子と比べて遅いです。どうすればいいのでしょうか？

A お経とおなじように、まず理屈抜きで覚えて自然に口から出るようにすることです。

九九は、小2の時、学校で習いますが、学校や先生によって九九の扱い方は違うことが多いのです。まず、掛け算の理屈を教えて、次に九九を2の段から順番に教えます。学校によって、2の段を覚えたらカードに先生のハンコをもらう、というシステムである場合もあります。先生の前に、九九を唱える子どもたちがカードを持って並ぶという光景がしばらく続くということです。

だから、9の段まで何ヶ月もかかるという話もよく聞きますね。私はこのようにまず理屈を教えて、時間をかけて2の段から9の段まで暗記させるのは子どもの能力に合わないと常々思っていました。理屈を理解するのと、九九を全部唱えるのはどちらが大変で負担かというと九九を全部唱える方が圧倒的に難しいのです。**お経を覚えるのと似ていて、まず理屈抜きで覚えて九九が口から自然に出るようにすることを優先することです。**「ぞうさん」の歌のように気軽に歌えばいいと思います。

覚えた後、理屈を習う方がはるかに早く身につくしラクです。暗唱するためには、まず歌で覚えるのがいいと思います。今は、いろいろなCDが売り出されていますので、それを何度も聞かせるとすぐに覚えます。次のような方法でしてみてください。

(1) CDを九九の表を見ながら聞く
(2) CDを聞きながら、自分でも歌う（表を見ても見なくてもいい）
(3) 全部一応言えるようになったら、九九の表で一つひとつ確認すること
(4) 子どもは、まだ幼いので口がよく回らないことがあるため、「4」を「し」、「7」を「しち」と正しく言えない場合がありチェックが必要です。たとえば、4×7は、「ししち」と発音するので、子どもにとっては結構難しいのです。

九九は、何度でも練習すれば、誰でもできるので滑らかにできるようになるまで親が手伝うことです。

77

Q

うちの子は、自分で起きることができません。つい遅刻しないように、と思って起こしてしまうのですが、よくないことでしょうか？

A

遅刻する人間にならないようにしっかりと起こしてください。

全く心配されることはありません！　しっかり、毎日起こしてください。

お母さんは、「自立」という言葉が頭の中をよぎったのですよね？　知り合いのお母さんや祖父母、近所の人、親戚などから「そんなことまでしたら、マザコンになるよ」「朝起きるくらいは自分でさせないとね」「うちの子は、自分で目覚ましをかけて起きてるよ」というようなことを言われるのですよね。そこでお母さんは、「いまだに私が起こしていいものか、でも起こさないと遅刻するし……」と悩むわけです。子育てには、このようにアドバイスをしてくれる人はいるのですが、その人たちの意見をいちいち聞いていたら迷ってばかりの子育てになります。

何といっても、「遅刻しないこと」が最優先です。**「遅刻してはいけない」ということは、大人が社会生活を生きていく上で重要なことです。**遅刻する人間は、まず「人から信用されない」「信用されないから、仕事を任されない」ということになります。遅刻する人は、予定時間を午後2時とすると、いつも20〜30分遅れてきます。1時間以上遅れてくるのは、完全にアウトですが、20〜30分ならみんなが許してくれる場合が多いので、遅刻する人は微妙な遅れ方をする常習者が多いのです。要するに、30分早く出かける準備を始めればいいのに、直前になってバタバタと準備を始めるからいつも遅れることになるわけですね。

遅れてくるということは、人を待たせるということですから、**人の時間を無駄にしていることに平気でいるのは、人として問題です。**そのような子どもはよくいますが、お母さんが遅刻する人という場合が多いです。やはりそのような環境で育つと遅刻が普通の感覚になるのですね。だから、18歳までは親元にいるわけですから、遅刻する人間にならないようにしっかり、お母さんが起こしてください。親元を離れた時には、しっかり育てられていたら、自分で間に合うように起きる人間になりますから大丈夫です。

78

Q 中学生の息子が部活に夢中で、あまり勉強していません。どう注意すればいいのでしょうか？

A やるべき勉強をせずにいるのは中学生として間違いだとしっかり話すべき。

勉強しないのは、困ったものですね。本人は、青春時代を謳歌しているつもりなのでしょう。運動系の部活は、結構ギリギリまで体を鍛えるので、子どもにとって「やった感」があるし、文化系の部活も友達と一緒にいろんなことをしますから、部活は楽しいのだと思います。高校受験があるのとないのとで違いますから、ちょっと分けて考えてみましょう。

【公立中の場合】

・当然、高校受験が待っていますので、内申書のために中間・期末テストの点数をしっ

かり取る必要があることを再確認
・部活に長い時間を使うと、勉強ができなくなり点数は取れない。高校受験が不合格になる確率が高くなり、第一志望の高校を変えることにもなることを話す
・このままでは、友達は第一志望に合格し、あなたは落ちることになる、という現実を話す
・子どもは目の前のことしか見えず、ラクな方を無意識に選んでしまい部活を勉強を避ける逃げ場に使っていることに気づかせる

【中高一貫校の場合】
・高校受験がないからといって、中学校の勉強をしっかりやっておかないと、高校では落ちこぼれて大学受験はうまくいかないことを確認させる
・部活を勉強したくないための言い訳にしないようにと話す
・次の定期テストの点数の目標点を設定し、それに達しなかったら部活をやめることにする、と約束する

どうしても、部活をやめたくないといっても、やるべき勉強をせずにいるのは中学生として間違いだとしっかり話すべきです。赤点がいくつかあると、中高一貫でも高校に

は進学できないケースは、意外とあります。**中学校で部活にだけうつつを抜かしているとそれからの人生の選択肢がかなり狭まることは事実です。**それでいいのですか？　ということを自覚させることですね。

79

Q 子どもが引っ込み思案で、特に知らない人と話すのが苦手です。何かいい克服法はないでしょうか？

A 心配いりません。知らない人と話すのが苦手というのは、極めてまともだと思います。

特に、克服しなくていいと思います。そもそも、**知らない人と話すのが苦手というのは、極めてまともだと思いますけど。**お母さんは、一体どんな子どもをお望みなのでしょうか？　知らない人にどんどん話しかけて、積極的に誰とでも友達になれる人？　そのような人は、話しかけられた方にとっては結構面倒で鬱陶《うっとう》しいことも多いと思いますよ。

子どもは、馴染《なじ》みのない人と話すのは、基本的に苦手だし、そのようなことは危険でもあります。世の中には、悪い人もいますから子どもには**「知らない人とは親しく話さ**

ないようにしなさい」と教えた方がいいです。子どもは、いつまでも子どもではなく、必ず大人になりますから必要とあれば初対面の人と話すこともできるようになります。
だから、心配することはありません。

80

Q 夫が家の中のことはすべて私任せにしています。このままでいいのでしょうか？

A 夫は（心の中で）部下と思いましょう。期待しないことが最善ですよ。

なるほど……ずっとこのような状態だと腹が立ちますけど、おそらくご主人は多分このままでしょう。ご主人が家の中のことをマメにすることなんて、いつのことやら、ということだと思います。だから、**期待しないことが最善の気の持ち方ですよ。**それに、ご主人が家事に対する考え方を変えるとか、家事の大変さを理解するということもないでしょうね〜。

実は我が家も似たようなものです。私は、4人の子育ての最中は、余計なこと（なぜ夫は何もしないのか、夫の考えを変えるにはどうするか、手伝わせるにはどう働きかけるかなど）を考えると疲れるので、夫を含めて何もしない人間が5人いると思って私が全ての家事を取り仕切っていました。その時には、4人分も5人分も仕事量は大して変わらないのでいろいろと考えると腹の立つことは無視していました。しかし、一番下の子も大学生となり、子どもが全員家を出て私たち夫婦だけになったのに、いまだに何もしようとしない現在の夫には心底イラッとします。しかし、今更、何とかよりよくしようとするのは面倒で、時間の無駄なのですよね。もうそんなことに私の人生を1秒たりとも使いたくないというのが私の本音です。

私は、4人の子育てをしている時から、日常生活のマネージメントは仕事にも通じるものが非常に多いと感じていました。だから、家事を避けている人は家事から学ぶものを取り逃していて大いなる損をしているような気がします。ものすごく忙しい妻を見ながら、全く手伝わないという人間ってどうなの？　という感じがしますよね。

ご質問のお答えとしては、お母さんが家の指揮官として夫は（心の中で）部下と思い上手に時々手伝わせる、ことにとどめ、**家事のマネージメントから大いに学び、お母さんの人生を豊かにしましょう、**ということです。

81

Q パソコンは何歳から触らせてあげるべきでしょうか？

A 与えるのはできるだけ年齢を遅くして、親がしっかり管理しましょう。

基本的には、18歳までは私はいらないと思います。大学生には、絶対に必要になりますからそこから使えばいいと思うのですが、今の世の中はそうはいかないのが困ったことなのです。タブレットを各生徒に配布して授業や家庭学習に使用している学校も次第に増えてきているし、スマホを持っている小学生の割合はかなり多い状況です。何かを調べる時には、画面の小さなスマホよりパソコンの方が便利だし、ネットに載っている情報は間違えているものも多いのでいくつか比べながら調べるためにはパソコンの方が圧倒的に便利です。

しかし、便利さということは諸刃《もろは》の剣《つるぎ》ですから、**マイナスの面も多いのがＩＴ機器の難点です。**大人は、便利さを優先してパソコンなどの弊害には意外と頓着しませんが、成長過程にある子どもに与えるとなるとそうはいきません。私は子どもにとってＩＴ機器はある意味彼らの人生にとって「凶器」と言えるほどの悪影響を与える危険性があると思っています。子どもは、体が日々成長しているので、まず視力が悪くなることは間違いないし、脳にも悪影響があるという研究もあります。子どもたちの学校の状況に合わせざるを得ませんが、使うにしてもできるだけ最小限の時間にするべきだと思います。パソコン使用に関して、子どもは慣れるのが早いのですが、利用するより悪用することになりがちです。親は与えっぱなしではダメで、かなり厳しく使用を管理する必要がありますね。

与えるのはできるだけ年齢を遅くすることで、使わざるを得ない状況の場合、親がしっかり管理するということに注意してほしいと思います。

82

Q

周囲の子は勉強アプリなどを使って勉強しているようです。うちもそうした方がいいのでしょうか？

A

勉強の初めは楽しくすることは大切なのでアプリを使うのもいいでしょう。

勉強アプリは、玉石混交で選ぶ時には慎重にしなければなりません。私もいくつか見たことがありますが、楽しそうで使うといいかもと思うアプリもありました。しかし、アプリは導入として、学ぶことの取り掛かりで使うのがいいのではと思います。どの科目も初めは楽しくできるのでしたら、何を使ってもいいのです。勉強アプリでも漫画でも有効ですが、最後までそれのみではきちんと学べません。

やはり、「学ぶ」ということは、鉛筆を持って机に向かい**自らの頭で問題に取り組むという泥臭い努力をしないと本物の実力にはならないのです。**本物の実力というものは、どこから突っ込まれても答えられるという深い理解をいいます。どのようなことでもラクだと思えるものは、初めの導入のハードルを低くすることには役立ちますが、内容が少しずつ高度になってくると結局は今まで通りの努力が必要となるのです。

しかし、**何でも初めは楽しくすることは大切なのでアプリなどを使うのもありです**が、パソコンやタブレットを使うのでそこが要注意です。アプリを使っている時には、親がそばにいることができるのならば、一度使ってみたらどうでしょうか。

83

Q **周囲の影響で子どもが髪を染めたい、夜遅くまで遊んでいたいと言ってきました。どうすればいいでしょうか？**

A **絶対にやめさせましょう。「問題が起きるのを全力で阻止」が鉄則です。**

それは、絶対にやめさせてください。**「髪を染めて夜遊び」というのは、非行の始まり**で、その後「犯罪」に巻き込まれる可能性が格段に上がります。世の中には悪い人はそこらじゅうにいますが、そのような人と接触する機会が圧倒的な確率で上がるのは「髪を染めて夜遊び」というテリトリーに存在することだと子どもに話すことです。

【髪を染める→夜遊び→声をかけられる→未成年で飲酒→犯罪に近いことに誘われる→覚醒剤に出合う→悪い人から逃げられなくなる→警察に捕まる→その頃は20歳になっていて前科がつく→周りには似たような人間が集まるので更生できない→前科を重ねるこ

とになる↓親戚、友達、兄弟、親などから見放される】というようなコースが考えられますが、これはレアなケースではありません。**問題が起きてからどうするのか、と考えるのではなく、「問題が起きるのを全力で阻止する」**ということが、世の中で生きていくための鉄則なのです。

子どもが、「髪を染めて夜遊びをしたい」という時に頭ごなしに叱るのは効果がないばかりか、逆に子どもを追い詰めることになります。そもそも、夜に外で遊びたいということは、家の中にはいたくないという気持ちの表れです。子どもというものは、本来夜には家で夕ご飯を食べ、お風呂に入って家族とのんびりテレビを見たりしたいものなのです。ですから、質問者のお子さんが付き合っている友達の家庭環境も問題があるということです。そのことを、**友達を非難しないように気をつけて子どもに話すことです。**友達を非難すると今のところ一応その友達とは仲良くしているわけですから、子どもが親の態度に反発してしまい、逆効果になってしまいます。

それと、ご自分の家に子どもが居心地が悪いと思うことがあるのではないか、とよく考えてください。その問題を解決しなければ、子どもは夜外に出ていくことになります。

84

Q 大学受験を控えた娘がいます。ただ特に将来やりたいこともないようで学部選びに苦労している様子で心配です。

A 受験に奇跡はありません。大学も学部も受けて合格できるところを探すことです。

高校3年生が、自分の将来を見据えて大学や学部を考えることはなかなかできません。まだ、社会経験がほとんどないのでそれは仕方ないと思います。中には、将来○○をしたいので絶対に○○学部にいきたい、と考えている子どももいますが、多くの子どもは将来やりたいことを具体的には思いつきません。しかし、**高2で文系と理系は決めざるを得ないので、進む選択肢は半分になります。**そこから、いくつか選ぶことです。

大学は、自宅から通うのか、離れた大学に下宿して通うのか、を決めたら、大学は絞られてきます。結論としては、大学も学部も合格する実力がなければただの憧れの大学・学部になってしまうので、何といっても受けて合格できるところを探すことです。予備校などの模試の偏差値から考えたらいいと思いますよ。行ける大学、行ける学部を現実的な気持ちで決めることです。点数が取れなければ、絶対に合格はしませんから高校3年生は夢から覚める時なのです。**受験に奇跡はありません。**日頃解けない問題を本番で解けるということは全くありませんから。行きたい学部に偏差値が足りなくて受けることがかなわず、違う学部を受験してそこに通うようになっていまいち気が進まないということもよくある話ですが、そこで一生懸命に学んだら意外とその学部は自分に合っていたということもよくあります。つきたいと思っていた職業にはつけずに、つかざるを得ない仕事についたらそれが天職だったという話もよく聞きます。

「自分が進んだ道で必死でがんばる」ことが人生の幸せにつながると思います。

85

Q

公立と私立（高校、大学）、どちらが良いでしょうか？

A

いずれにせよ「出したいけど出せない」金額をはっきりと子どもに伝えるべきです。

何事もどちらがいいと簡単に言うことはできません。さまざまな立場にみんなが立って生きていますから、**自分の状況をよく考えて選ぶことです。**高校と大学の両方に通じて言えることは、私立の方が公立に比べて学費が高いということです。大学は公立と国立がありますが、これは両方ともほぼ同じ金額です。**国公立か私立かと考えるときに、経済的な問題は外せません。**特に大学は高校よりかなり金額が大きくなりますし、親と離れて暮らすとなれば生活費が必要となりますから、親の負担はかなりのものになります。大学は親が扶養する最後になりますが、親の生活や老後のこともありますから、

「出したいけど出せない」金額ははっきりと子どもに伝えた方がいいと思います。

親が無理をして学費や生活費を出したとして、その後子どもが親の期待した仕事とは全く違う方面の職業につくことにした場合、「そんなことのためにお金を出したわけではない」と言わずにすむのか。あるいは、親から多額の費用を出してもらったことに感謝するあまり、「自分の進みたい方は諦めて親の喜ぶ方を選ぶ」ことをよしとするか。

親は自分たちが子どもにしたことを「してやった」と考えるのはお互いに不幸だし、それからの人生に禍根を残します。18歳までは、扶養して当然と考えられますが、その後の大学は子どもが独り立ちすることにつながります。親の手から完全に離れることになりますから、**親と子ではなく大人同士の関係に変化することを自覚しないといけないでしょうね。**しかし、親のために諦めて思ってもみない仕事につかざるを得なかった場合でも、ずっと後に「この仕事は天職だった」と思えることもよくあるのです。人生は二つの道を同時に歩くことができないのが悩ましいのですが、二つの道を歩くことができても悩むでしょうね。3つの道を歩きたいと思うのが人間の欲ですから。

高校は、地域によって事情が全く違うので、いける偏差値の高校、経済的に大丈夫な高校、などを考えて進むといいと思います。入学した高校で頑張る、ことに尽きます。

86

Q 子どもが男子校（女子校）に合格しました。共学より安心だと考えていいのでしょうか？

A その学校の校風、通学時間などと偏差値を考え合わせて入学を決めましょう。

お母さんは、何に安心したいのでしょうか？　まあ、わかりますけどね。男女交際の話だと思いますけど。具体的に言えば、勉強を疎《おろそ》かに考えてしまうような「付き合い」を避けたい、ちゃんと勉強してほしいということですよね。

男子校でも女子校でも、今の時代はSNSや文化祭、塾などで出会う機会はたくさんあります。しかし、共学に比べると意識して相手を探さないといけないので機会の回数は減りますね。共学は、学校に行けば男女がいますから当然話したり遊んだりすることにはなりやすいです。でも、それが悪いかと言えばそうでもなく、楽しい思い出になる場合も多いのですけど。大学を目指すことに決めた子どもたちは、高校3年生でデートにうつつを抜かしていると、そうでなくても時間が足りない時期なのだから、やはり不合格の可能性は高くなります。

男子校、女子校、共学のどれに進むのかは、**その学校の持つ大学の合格者数、校風、通学時間などと自分の偏差値を考え合わせて入学を決めたらいいと思います。**そして、入学したらその学校でいかに頑張るかですから、自分の目的をしっかり持つことですね。学業優先でできるのか否かは、学校の形態ではなく本人の覚悟と自覚によると思います。

男子校は男子校の、女子校は女子校の、共学は共学のいいところがあります。それぞれの学校が「我が母校」といえるような青春時代を、よく遊びよく学んで過ごしてほしいと思います。

87

Q 真っ当な金銭感覚を持つ子に育ってほしいのですが、どう教えればいいのでしょうか？

A 親の生き方が子どもの金銭感覚を育てると思いますよ。

「真っ当な金銭感覚」とは、自分の稼いだ範囲内で生きていくすべを身につけることでしょうか。ギャンブルで身を持ち崩したり、買い物で払えないほどカードを使ったりというようなことは人生を潰してしまいますから避けたいところです。金銭感覚というのは、子どもの頃のことが影響することもよく聞きます。

要するに親の生き方、金銭感覚が子どもの感覚を育てるということです。だから、「教える」ということは、おそらく難しいかも。「教える」というより「背中で教える」ことになると思います。では、どのような背中を見せればいいのか。これも難しいです。

「お金」というのは、具体的な数字で表せるけど、それをどう思うかは個人の観念的な部分があるので断定できないのですよね。ギャンブル的なことをして、大金を儲けた人をみると「いいなあ」と思ったりしますもんね。そして『○○で儲ける方法』などという本を買ってしまうのですよね。そして結果として、本を買った方は儲からず、儲けたのはその本を出した人だったということはよくある話。こうして、多くの人は「やはり、地道に働いて生きよう」と思うのです。

世の中にはどのようなチャンスが転がっているかわかりませんが、そのチャンスに出合うまでは、真面目に働いて暮らすという感じでいいのではないですか。「親が、入ってくるお金の範囲内で暮らす姿を子どもに見せる」ことが一番効果的な後ろ姿ということです。でも、子どもの感覚をお金に限らず何事においても真っ当なものにするには、**「基礎学力を基盤にした教育、つまり学校教育」をしっかりさせ、そこから自らが学ぶ**ということが一番です。

88

Q　子どもにどう接すると愛情がしっかりと伝わるでしょうか？

A　子どもとの対話、つまり日頃の「おしゃべり」が重要ですね。

やはり、「ことば」だと思います。愛情があっても、ひどい言葉をかけたら子どもは傷付きますし、親の愛情を感じることはできません。親子だから、以心伝心で愛情が伝わると考えるのは間違いです。子どもが生まれたときから、子どもにかけることばには気をつけなければなりませんね。子どもとの対話、つまり日頃の「おしゃべり」が重要で、その話している雰囲気や話し方、話す内容などから子どもは、愛情を感じ取ることができます。

どのような「おしゃべり」をすればいいのかですが、

（1）子どもの話を、否定することはせず、面白がりながら聞く。

要するに、**親が聞き上手になること**です。

（2）子どものあるがままを受け入れる。

これは、意外と難しい。例えば、積極的な子と消極的な子だったら、積極的な子が好きな親の方が圧倒的に多いし、世間も同じ。自分の子どもが消極的だった場合、「もっと授業中に元気よく手を挙げなさいよ」と言わない勇気が持てますか？　先生から「○○君は手を挙げませんね」と言われたときに、「そうなんです。うちの子はそういう子なのです。手を挙げなくても考えているから大丈夫です」と言えますか？　世間の考えに流されず、自分の子を肯定することができますか？　そもそも、手を挙げない子の方が深く考えていることもよくあることです。このように、**徹底して子どもの立場に立つこと**です。そのような親の言動から子どもは、親の深い愛情を感じ取ることができるということです。

89

Q　子どもが何を言っても言うことを聞かない状態になったとき、どう接すればいいでしょうか?

A　しばらくほうっておいてから、穏やかに話しかけると効果的です。

基本的には、**「しばらくほうっておいて、何も言わないことにする」**です。子どもは親が関われば関わるほど、言うことを聞きません。しかし、子どもは親から無視されることには、恐怖を感じますから、そこそこ親が黙り込んでいたら子どもの方が「あれっ?　お母さんが何も言わないな」と心配になると思います。

子どもが小学生以上の場合は、だいたい成績が悪いことがからんでいます。成績が悪いのに、子どもはゲーム、YouTube、マンガばかりで全然勉強しようとしないから、親はそれをみて勉強するように注意する、それも当然ながらイライラした声で叱ることになる、というのはよくあるケースです。悪い成績をいくら責めても、すぐに成績は上がったりはしません。

(1) まず責めるのはやめる
(2) そして、どうやったら成績が上がるか考える
(3) どの科目のどの項目がわからないのか
(4) わからない理由は何か
(5) 何をしたらそれはわかるようになるのか
(6) 次のテストまで何日あるのか、その範囲はどこか
(7) 範囲をすませるためのスケジュールを立てる

という感じで、具体的に話し合うことから始めましょう。

親も子も感情的になっているときには、具体策を考えて前向きに進むことが一番です。子どもも、このままではマズイとは思っていますから、穏やかに話しかけると乗ってくると思います。

6歳までの未就学児は言うことを聞かないときには、大した理由がない場合が多いので、しばらく優しく見守って落ち着いたらお菓子を出して、食べながら仲直りしましょう。

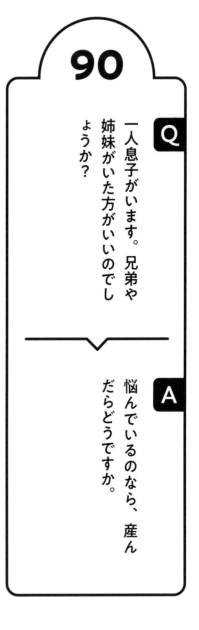

90

Q　一人息子がいます。兄弟や姉妹がいた方がいいのでしょうか？

A　悩んでいるのなら、産んだらどうですか。

お母さんがもう一人産むのか産まないのか**悩んでいるのなら、私は産んだらどうですか、と言っておきましょう。**一人っ子で十分だし、もう産む気はないと思われるのなら一人っ子でいいと思います。

この問題は、私がいいとか悪いとか言えるものではないので**私の経験から少しお話ししたいと思います。**私は、4人産みましたが、なぜ4人かというと私も主人も2人きょうだいで、私は弟が、主人は妹がいます。私は自分の子育てを考えたときに、きょうだいが2人というのはその様子はなんとなく想像できるので、もう少し違う子育てをしてみたいと思いました。では、3人はどうかと言えば、奇数なので大人になったら、住んでいる所などの関係で、よく話す2人と離れたところに住んでいるためになかなか会えない1人がいるとします。そうなると、やはり離れた1人とは疎遠になったりするのできょうだいみんな仲良くしてほしいと考えて、奇数はやめて子どもの人数は偶数にしようと思いました。それで4人にしたのです。でも、男3人、女1人となり、男女で考えれば奇数となってしまいました。なかなか理想通りにはいかないなあと思いましたけど。でも、親がいなくなっても4人で仲良くしてくれたらと思っています。親はいずれいなくなりますから、そのときに助け合う親しい身内がいたら心強いとは思います。でも、仲の良いいとこ、おじ・おばなども助けになりますから、必ずしもきょうだいでなくてもいいと思います。

私も子育てで大変なときに、一人っ子だったらもっと丁寧な子育てができるのになあ、と思ったこともありましたよ。**目の前のお子さんを大事に大事に育ててくださいね。**

91

Q

シングルマザーでの子育てです。あまり一緒にいてあげられないのですが、大丈夫でしょうか？

A

申し訳ないと思わなくていいと思います。堂々と子どもの前で生きていってください。

大丈夫ですよ！　このまましっかり育ててくださいね。お母さんが働いている場合、やはり子どものために使う時間が少なくはなりますが、でも、それはシングルでなくても少ないものです。

会社で働いていなくても、家で自営業の人は時間が同じようにないし、専業主婦でも親の介護、自分の体力の関係、学校の役員、子どもの人数、上の子の受験のためなどなど、世の中のお母さんは本当にたっぷり時間があるわけではありません。ご自分がシングルだから一緒にいる時間がなくて子どもに申し訳ないと思わなくていいと思います。

親子の生活のために仕事をしているのですから、堂々と子どもの前で生きていってください。

どういう場合でも、子どもはお母さんが大好きなのでなるべく一緒にいられる時間には、横にいてあげてください。できたら、毎日帰ったら着替えてすぐに子どもの横に座って、宿題を30分間一緒にやってあげるといいと思います。それを毎日すると、あるときお母さんが忙しくていつも通りに帰ってこられなくても子どもは一人でできるようになっています。それが習慣化ということですね。

仕事をしているから、時間がないと嘆くのではなく、少しでも隙間の時間を見つけてください。それには、お母さんがしたいことを少し我慢することになるかもしれませんが、この際**「我慢」と思わずに「喜んで」と思うことにしませんか？**　思い方を少し変えるだけでやる気になれる魔法のことばですね。

100の習慣

92＞100

第四章

子どもの生活

の悩みに答える

92

Q

ゲームの1日の制限時間を子どもが守ってくれません。

A

例えば月曜日から土曜日は「ゲームはなし」にしてみてはいかがでしょう。

それはそうでしょう。親が決めたものを子どもがきちんと守るのなら、こんなラクな子育てはありません。しかも、**依存性が高いゲームなんて子どもが守るわけはありません。**守ってくれると思っていたのですか？　それは、非常に親としては甘すぎるということです。子どもを親の考えるようにさせようとしてもうまくいきません。

まず、ゲームの性質をよく考えなければならないです。ゲームというのは、相当な依存性があり、なかなかやめられません。今のゲームはスマホでもできるので、子どもが自分の部屋にこもってすることができ、親の目が行き届きませんから、子どもはやりたい放題です。自分の時間をゲームに長時間使うと当然勉強はしないことになりますから、学校の授業がどんどん理解できなくなります。テストの点数は悪くなり、来るべき受験には不合格になるという未来が見えてきますから、怖いですね。やはり、子どもを心身共に守るという意味で親はゲーム・ネット環境の進歩に伴って、**子どもとゲームの付き合いに関して今までより厳しく考えるべき時代だと思います。**

家の中からゲーム関係のものは全て撤去できればよいのですが、そうもいかないのが悩みです。そうなると、ゲームとの付き合い方を考えることになります。「程よくゲームをする」ということを目指したいところですが、何事も「ほどほど」というのが一番難しいのです。**やはり「0か100か」という考えでいくべきでしょう。**例えば、月曜日から土曜日は、ゲームはなし（家の中のゲーム機関係は段ボール箱の中に入れる、スマホは学校から帰ったら預かる）。日曜日には、朝起きてから午後5時まではひたすらゲームをしてもいいことにする、というのはどうでしょうか？　そもそも今のゲームは1時間したくらいでは満足できない内容なので、宿題もゲームも満足感を得られないということになります。日曜日だけでも1日たっぷりとゲームをできた方が満足感が高いでしょう。メリハリをつけることが何よりも大事です。ぜひ、お試しを。

93

Q 周囲の子よりもお小遣いが少ないと子どもが不満を口に出していました。

A 友達と遊びに行くときは別に渡すということにしてはどうでしょうか。

どの程度少なくて、不満に思っているのかわかりませんが、**友達と遊びに行くときには、交通費・遊興費・食事代を別に渡すということにしてはどうでしょうか？**

周囲の子がどのような遊び方をする子どもたちなのかも見極めないと、親によってはかなりの金額のお小遣いを渡している場合もありますから言われるままにお金を渡すのは危険です。そもそも、18歳までは年に何度か遊ぶくらいで十分で、遊び歩くとなると子どもはまともに育ちませんから、お小遣いは少し足りないくらいの金額がちょうどいいと思います。夏休みなどに映画に行くとかプールに行くとかというときには、そのお金は渡すからちゃんと言いなさいと言っておいてください。

多めのお金を渡すと子どもは喜びますが、その金額の範囲で何をしてもいいと勘違いして何に使ったのか言わないので、子どもの行動について監督不行き届きとなり、不良行為などにつながる恐れもありますから気をつけなくてはいけません。子どもはたとえ高校生でも主に学校と家を往復しているだけですから、世の中のことはよくわかっていません。その**未熟な子どもが親の目の届かないところで好き勝手にできないような金額にしておくべきです。**金額が足りないときには、親に詳細を申告することを義務づけないと子どもを守ることはできません。親はお金のことは、子どもにははっきりと話しづらいこともありますが、一生懸命家族のために仕事をして稼いだお金なのですから、「多い・少ない」などを申し訳なく思ったりすることはありません。

無理なく出せる金額をお小遣いにしたらいいと思います。

94

Q 夜更かしをすることが多く、日中眠くなってしまうと子どもが漏らしていました。

A 子どもにとって、睡眠というのは非常に大事。日中一番元気な状態にしておかないと。

子どもにとって、睡眠というのは非常に大事なことなので、それは心配です。昼間に学校・塾や宿題など考える活動をしますから、**日中一番元気な状態にしておかなければ困ったことになります。**夜更かしの理由はなんなのでしょうか？　寝る時間が遅くなってしまう原因を取り除くことがまず必要ですね。

睡眠時間は、各家庭でいろいろと事情があってさまざまだとは思いますが、我が家は、小3までは10時間くらい寝ていました。小4になって塾に行き始めたので、小4の就寝時間は22時30分、小5は23時、小6は23時30分になりましたが、起きるのが7時30分でしたから小6でも8時間は寝ていました。ちょっと、疲れが溜まってきたら日曜日はお昼まで寝かせたりしていました。

子どもたちの夜更かしは、**「ゲーム」「宿題がすまないため」ということが2大原因です。**「ゲーム」は、使い方を学年によって考えることと、子どもに渡しっぱなしにしないことです。子どもは、ゲームの誘惑に簡単に負けてしまいますから、寝る時間がきてもずっとやってしまうので、夜の時間は夕食、勉強、お風呂だけに使うことを習慣化することです。YouTubeの扱いも同じです。また、原因が「宿題」の場合は、勉強のやり方が間違っていて時間がかかりすぎているのだと思います。塾のある前日にまとめてやる、夕食後すぐに始めない、予定を決めていないので何をやるのか把握していない、という段取りの悪さが問題です。

毎日の持ち時間を考えて寝る時間まで何をするのか、どのくらいするのか、を決めて就寝時間は死守させることです。ゴールをずるずると後ろに延ばすといつまでたっても、睡眠不足は解消しません。

95

Q

子どもがペットを飼いたいと言っています。最初のうちは手をかけるだろうと思いますが、飽きるのが心配です。

A

お母さんも忙しいのなら、あまり手がかからないペットにするといいでしょう。

まあ、飽きるでしょうね。毎日世話をするのはお母さんになるのは間違いありません。
でも、お母さんがそれをわかっていて、**「私がきちんと面倒を見る」と覚悟ができれば飼ってあげるのはいいことだと思います。**
お母さんが、一番ペットと仲良くなることになりますが、子どもたちは時々ペットと遊ぶことができるということです。ペットにする動物はいろいろありますが、どのような動物でも命ですから甘い考えで飼うことはできません。例えば、犬でしたら、毎日の散歩、食事、予防注射、飼い主が留守の時のことなど考えなければならないことがたくさんあります。「かわいい、かわいい」と言って遊ぶだけではペットが不幸になるということです。でも、人間以外の動物を身近に感じることは、子どもも大人も癒されますから、覚悟を決めれば家族で協力して飼えばいいと思います。お母さんも忙しくてそこまで面倒を見られないのなら、**あまり手がかからないペットにするといいのではないでしょうか?**

我が家の子どもたちも「猫を飼いたい」「犬を飼いたい」と言っていたときもありましたが、やはり私が主に面倒を見ることになるだろうし、子どもたちはいいとこ取りになるのは間違いないと思ったので、「ママには無理」ということを話しました。なんといっても、子どもも4人のお世話が相当大変なのだから、諦めるしかなかったのですよね。

私が子どもの時には、実家で犬、インコ、文鳥、金魚、メダカを飼っていましたが、世話をしたのは母でした。母は、育てるのが上手で動物たちは母に一番懐いていました。インコのチョンちゃんは、「桃太郎」の童謡を歌えたし、「むかしむかし……」で始まるお話も話すことができました。母がいつも話しかけて教えたらしいのです。今でも懐かしい思い出です。

96

Q **おやつを毎日のように食べているのですが、肥満が心配です。**

A **「3時のおやつ」は昔の話。いまは「子どもを空腹にすること」が大切。**

心配なのは、**肥満だけではなく、栄養バランス、虫歯なども気になります。**子どもには、「3時のおやつ」というのが定番だと今も思われていますが、私はそれは昔の話だと思っています。何十年も前は、朝昼晩の食事は肉類、油脂などが少なくカロリーが今ほど高くはなかったということで、お昼と晩の間にお腹が空くと、おにぎりやお芋のふかしたものなどをおやつにしたとの話です。

今は、朝昼晩に、ハンバーグ、シチュー、パスタ、グラタン、焼肉など肉類、炭水化物、乳製品などを使用することが多く1日の3食だけでもかなりカロリーが高くなっているし、おやつには、ポテトチップ、チョコレート、クッキーなどカロリーが高いものを食べることが普通になっています。基本的には3食だけで十分栄養が取れていますから、特におやつとして栄養を摂取する必要はないのでは、と思います。12時にお昼ごはん、3時におやつ、6時に夕ご飯とすると、子どもの胃は小さいので夕ご飯を美味《おい》しく食べることができません。

「空腹は最上の調味料」と言いますし、今は食べるものがすぐ手に入る世の中なので、逆に**「子どもを空腹にすること」が大切だと思います。**お子さんが毎日おやつを食べるということですが、いつも台所にお菓子があるのではないですか？　お母さんは何も食べ物がないと不安なので買い込んできて引き出しに入れておきがちなのですが、やはりあると食べます。小腹が空いた時にポテトチップを食べると美味しいのでつい食べ過ぎてしまい、夕ご飯をきちんと食べられなくなります。それでは、栄養が偏りますから、3時ごろ小腹が空いた時には夕ご飯に支障がない程度の小さなおにぎりぐらいを食べさせるといいと思います。お菓子やジュースは時々にしたらいいし、いつも何か口の中にある状態では虫歯になりますから、**食べ方もメリハリをつけることです。**

97

Q
運動、特に球技が得意でないことを子どもが悩んでいました。

A
試合の時など邪魔にならない程度に練習を少しするくらいでいいと思います。

球技というのは、野球、サッカー、ドッジボール、テニス、ラグビー、バレーボール、バスケットボール、ハンドボール、ゴルフ、卓球、ホッケーなどが考えられますが、子どもが主にするのは、野球、サッカー、ドッジボールでしょうか。

中高生は、バレーボール、バスケットボールを授業でやりますね。大体チームでやる球技のチームプレーは実践でしか学べないので、前もって親と練習できるのは、野球のキャッチボール、サッカーの蹴り方、ドッジボールのボールの投げることと受け取ること、でしょうか。運動に関しては、上手な子はなんでも上手にできますからおまかせして、苦手な子は試合の時に邪魔にならない程度に練習を少ししたらいいと思います。**体育も年中、球技だけをしているわけではないので、**そこまで気にすることはないです。

子どもには、多少は楽しくできるようにキャッチボールでもしておこうか、と話して日曜日に1時間ほど相手をしてあげるので十分だと思います。私も、運動は本当に苦手だったのでお子さんの気持ちはよくわかります。私の両親は足も速く運動が得意で、小学校の運動会の徒競走でいつも一番最後を走る私に「走る姿がスローモーションを見ているみたい」と言っていました。私は、本当に運動会が嫌でしたね。足の速い両親は、遅い私の気持ちは想像もつかなかったのだと思いますが、今思い出しても一言、「転ばないで頑張って走ったね」と言って欲しかったと恨めしく思い出します。運動神経は、努力で多少はましにはなるものの、そんなに劇的には進歩するものではないですよね。そんな私も、跳び箱とバレーボールはそこそこ迷惑をかけない程度にはできましたから その二つは好きでいい思い出になっています。

お子さんには、大人になったら球技などは趣味の人以外はしないので、**そこまで悩むことはない、**と話しておいてください。

98

Q **子どもがあまり朝ごはんを食べたがりません。無理に食べさせる必要はないのでしょうか？**

A **朝ごはんは子どもにとって大事です。食べない理由を考えてみてください。**

無理に食べさせるのは、子どもも嫌がるでしょうからとりあえずやめておいた方がいいと思います。でも、**朝ごはんは子どもにとって大事なので食べない理由を考えてみてください。**夜遅く何か食べていませんか？　ジュース、牛乳などをお風呂上がりにたくさん飲んでいませんか？

朝ごはんを食べさせるには、朝には空腹になるように寝る前の飲食に気をつけることでしょうね。お風呂上がりには、お水を飲むことにするだけでも朝の空腹感は違います。お水を薬を飲む時にしか飲まないという子どもがいるという話も聞いたことがあり、驚きました。子どもは甘いものが好きなので、ジュースを飲みたがりますがなるべく**お水を飲む機会を増やしておく方が健康的です。**

朝は、大人でも食欲がないことの方が多かったりしますから、ごはんをお茶碗に入れるのではなく、一口大のおにぎり数個にするとか、トーストも一口で食べられるように9分割に切るとか、食べ物を小さくするといいと思います。**一口でも食べると、次第に食べられるようになりますから、**やってみてください。チーズ、果物を小さく切ったもの、ホットケーキ、などバリエーションを考えると親子で朝から楽しいかも。

99

Q　子どもが他の子のお弁当と比較して不満そうにしています。そういうお弁当を作ってあげるべきでしょうか？

A　お母さんは無理しないで。シンプルなお弁当でも子どもたちは幸せですよ。

「キャラ弁」というものですか？　凝ったキャラ弁を作るお母さんがいますから、そういうお弁当を見ると子どもは自分のお弁当が地味に見えて不満に思うのでしょう。子どもの気持ちは、わかりますけどね。お弁当の時間には、みんなでいっせいにお弁当箱を開けますから、比べるのは無理はないかな？　キャラ弁が流行り始めたときには、私の子どもたちはもう大きくなっていたので、私はキャラ弁を作らずにすみました。朝からこんな細かいことができるのはすごいと思いますが、**きっとお母さんは朝から大変なのだろうなと想像します。**

それとも、キャラ弁まで凝っていなくても彩りよく作っているお弁当をみて不満なのでしょうか？　**お弁当の見た目をいい感じに仕上げるのは、やはり彩りなのだとつくづく思います。**黄色、赤、黒、緑、紫、白、茶色が少しずつでも揃えば綺麗ですよね。

私も長い間子どもたちにお弁当を作りましたが、綺麗なお弁当がなかなかできず、毎日作る私が物足りなく感じていた時がありました。子どもたちは何も言わなかったけど、私はいつもこれで喜んでくれているのかな？　と思いながら作ったものです。でも、ある時息子たちの保護者会で灘校に行った時、教室の前にある階段に座ってお弁当を食べているお子さんがいました。私は彼の横を通って階段を上がる時に、その子のお弁当が見えました。それは、ご飯と卵焼きとフランクフルトのお弁当で私にはすごくシンプルに見えたのですが、彼は本当に幸せな様子で実に美味しそうに食べていたのです。本当に微笑《ほほえ》ましい光景でした。その時、私はそんなに**いろいろ考えなくても、シンプルなお弁当で子どもたちは幸せなんだ**とホッとしました。

お母さんも朝は特に忙しいのですから、無理はせずに、5日に1回ほど子どもが納得いくお弁当を作ってあげたらいかがでしょうか？

100

Q

本はほとんど読みたがらず、マンガばかり読みたい、アニメを見たいと言ってきます。問題はないのでしょうか？

A

マンガとアニメからではなく、本や問題集などで理解する能力をつけることが先です。

マンガとアニメだけでは、セリフと短文の説明くらいしか文章がないので読解力はつかないことになります。しかも、内容は本のように文章で複雑な内容を表現していないので、精神年齢が上がりません。精神年齢が上がらないと、国語の問題を解けずテストの点数が取れないと後で嘆くことになります。しかも、国語は学年が上がるにつれ、文章が複雑になりより長くなりますから読むのがつらくなって理解できなくなるのです。日本のマンガやアニメは非常に優れていて内容もなかなかのものなのですが、やはり絵がメインなので、いわば、絵本と本の中間に位置すると考えていいと思います。

読解力というのは、文章のみを読んで自分の頭の中でそれを映像化できることですから、もともと絵がついているのは、読解力としては道半ばというところです。文章だけよりも、絵がついている方が読むのにラクですから、子どもはマンガとアニメの方ばかり見ることになります。マンガとアニメのセリフは、文としては短いので文章を読む力はつきません。まずラクなマンガとアニメから始めるのではなく、少し面倒で時間はかかりますが、文章だけの本や問題集などで理解する能力をつけることが先です。本を読める子はマンガとアニメを楽しめますが、**マンガとアニメだけしか見ない子は本が読めません。**

家の中にある、何度か読んだマンガは見えないところに片付けることですね。子どもは、目の前に本とマンガがあるとすると、必ずマンガの方に手を伸ばします。人間はラクな方へラクな方へと行動しますから、人間の中身を作っている最中の子どもにはまず大変な方を与えることです。

あとがき

ＩＴ機器が進歩した現代でも「子育ては親子が笑顔で」が基本です

頭の中から新型コロナウイルスのことを消し去ることができずに毎日を送ることに慣れてしまった感があります。２０２０年春に日本にコロナウイルスが蔓延し始めた時に、学校は休校になりました。突然、子どもは朝からずっと家にいるようになり、しかも親はリモートワークで親子で家の中に何日も一緒にいる状態で、１日の生活が定まらなくなり勉強もどうしていいのかわからないという家庭が多くなりました。今まで、子どもの勉強は学校と塾にほとんどお任せで、宿題などを家でやるだけだったのに、学校も塾も休みになったため、お任せしていた分がドーンを家庭の方にかかってきたというわけです。世の中の親は本当に行き詰まってしまい、「早くコロナが終わらないかな」と願うことになりましたが、今回のコロナ騒動は一筋縄ではいかずなかなか終わりそうにはありません。子どもが学校にも塾にも行けなくなって、代わりに家で勉強するとなった時はじめて、子どもの教科書を見たという家庭も多かったのです。コロナは大変ですが、家庭学習とは何か、ということを考えるいいきっかけになったと思います。学校や塾が普通にあった時にも、家庭学習は大事だったのにそこまで真剣に考えなかった保護者が多かったのは事実です。今回のコロナ禍で子どもの教育で一体何が一番大事なのか、何をさせるべきなのかが鮮明になり、最重要なものは「基礎学力」ということを再認識しました。それは、コロナの前でも同じだったのですが、やれることが多かったので絞りきれずにいたため、気がつかなかったし気がついてもそこまでとは思っていなかったというわけです。しかも、その基礎学力は、家庭学習で鍛えることができるものであり、親が真剣に取り組むべきことだったということもわかりました。

家庭学習の重要性が注目されるにつれ、家庭の中の環境が問題になってきました。今の子どもたちに襲いかかっているのは、スマホやパソコンです。今はどの年齢の子どもたちの保護者も悩みに悩んでいる状態です。要するに、ゲーム、YouTubeなどの動画サイトにずっとはまってしまい、昼夜逆転するほどに依存してしまうのが恐ろしいところです。今の時代のＩＴ機器の進歩は目覚ましく、子どもたちを惹きつける力は果てしないといえます。そのため子どもたちは、将来のための学びに使うべき大事な時間を動画サイトの視聴やゲームに使ってしまって、日々の勉強がおろそかになっています。特に、基礎学力の算数と国語は、年齢に合った内容を繰り返し練習しながら積み上げていかなければなりません。中高の内容を積み上げるためには、小学校の内容は土台になりますから特に重要なのです。

なんとしても、厄介なことはスマホとパソコンの使用、動画サイトに関しては、結構役立つことも多いことです。スマホとパソコンの画面から、いわば薬と毒が交互に流れ出している状況なので、親が全く使用禁止にすることにためらってしまうことが問題となります。しかし、流れてくる毒の依存性は恐ろしく、しかも子どもの人生を潰してしまうほどの猛毒であることは間違いありません。薬と毒を程よく使い分けるということは人間の性質としてできません。「程よく」ということを実行することが非常に困難なのは大人が一番ご存知なのではないでしょうか。

全てのことになんの免疫もない子どもを健やかに育て、子どもが自分の選んだ道を自ら歩む実力をつけるためには、何をどうするのか、何を利用して何を排除するのか、親の洞察力が必要です。

とはいっても、「子育てはいつも親子が笑顔で」が真髄ですので限りある時間を楽しく有意義に工夫をしながら送っていただきたいと思います。

この本が、子育て中の保護者の方々の小さなヒントになることを願ってやみません。

最後になりましたが、この本を提案してくださった文藝春秋の文藝春秋編集部の山下覚さん、最後までお付き合いいただいて素晴らしい本に仕上げてくださったノンフィクション出版部の目崎敬三さんには心より感謝申し上げます。

２０２１年９月　佐藤亮子

佐藤亮子（さとう・りょうこ）
大分県出身。津田塾大学卒業。大分県内の私立高校で英語教師として2年間勤務。結婚後、長男、次男、三男、長女の４人の子どもを育てる。3兄弟は灘中学・高等学校を経て、東京大学理科Ⅲ類に進学。長女も洛南中・高校を経て、東京大学理科Ⅲ類に進学。その子育て方法に注目が集まり、テレビ、新聞など各メディアへの出演のほか全国で講演を行う。主な著書に『受験は母親が９割』『佐藤ママの子育てバイブル』（ともに朝日新聞出版）、『3男１女東大理Ⅲ合格！　教えて!佐藤ママ　18歳までに親がやるべきこと』（祥伝社）など。浜学園アドバイザーをつとめる。

・オフィシャルブログ
https://ameblo.jp/ryokosato-todai/
・YouTube
佐藤ママチャンネル
・オンラインサロン
佐藤亮子のニッコリ教育サロン

勉強《べんきょう》する子《こ》になる100の習慣《しゅうかん》

2021年10月10日　第1刷発行

著　者　佐藤亮子《さとうりょうこ》
発行者　大松芳男
発行所　株式会社　文藝春秋
〒102-8008 東京都千代田区紀尾井町 3-23
電話　03-3265-1211

印刷所　理想社
付物印刷所　萩原印刷
製本所　大口製本
組版　光邦

ISBN978-4-16-391444-2
Printed in Japan